JN086455

幼児教育・保育総論

豊かにたくましく生きる力を育むために

髙野良子

編著

栗原ひとみ

髙木夏奈子

實川　慎子

山田　千愛

北田沙也加

小川　翔大

久保　瑶子

学文社

執　筆　者

久保　瑶子　千葉明徳短期大学保育創造学科講師　　　　　　　　　　（第 1 章）

北田沙也加　植草学園大学発達教育学部助教　　　　（序章 2.(5), 第 2 章）

山田　千愛　植草学園大学発達教育学部助教　　　　（序章 1.(3), 第 3 章）

栗原ひとみ　植草学園大学発達教育学部教授　（序章 2.(1)(2)(4), 第 4 章）

髙木夏奈子　植草学園大学発達教育学部准教授　　　（序章 2.(3), 第 5 章）

小川　翔大　静岡福祉大学社会福祉学部講師　　　　　　　　　　　（第 6 章）

實川　慎子　植草学園大学発達教育学部准教授　　　（序章 1.(2), 第 7 章）

＊髙野　良子　植草学園大学発達教育学部教授　　　（序章 1.(1), 第 8 章）

（執筆順，＊は編者）

まえがき

　2019（令和元）年10月から，重要な少子化対策の一つであり，子育て世代の負担軽減措置となる幼児教育・保育の無償化がスタートしました。

　そのようななか，厚生労働省の人口動態統計の年間推計によると，2019年に国内で生まれた日本人の子どもの数が，1899年の統計開始以来，初めて90万人を割り込む見通しが公表されました。子どもの数は，90万人，そして80万人台へと少子化が加速しています。

　いうまでもなく，少子高齢化，グローバル化，情報化，技術革新等といった社会の変化は，急速に進んでおり，豊かな人間性と変化する社会を生き抜く力を育む教育・保育の在り方が今まで以上に求められているといえるでしょう。

　現代日本の義務教育入学前の年齢の子どもには，教育と保育の仕組みがあります。学校としての幼稚園，児童福祉施設としての保育所・保育施設，両者の機能を合わせもつ認定こども園が存在しています。本書では，幼児とは，小学校就学前の者を意味しています。また，幼児教育・保育とは，幼児が生活するすべての場において行われる教育・保育の営みを総称した広がりをもった概念として捉えています。

　本書は，それぞれの分野の専門家の手による教育と保育に関する序章と8つの章から成っています。各章は，幼稚園・小学校・特別支援学校の教員養成や保育士養成を担っている現職大学教員が執筆を担当しました。

　序章では，幼児を取り巻く社会状況を概観したうえで，幼児教育・保育の意義と重要性を検討しています。1章から5章は，2018年4月から施行されている新たな幼稚園教育要領等で共通化された5つの領域（健康・人間関係・環境・言葉・表現）のねらいや内容について，事例を用いてわかりやすく丁寧に解説しています。6章から8章は，園と家庭の連携を支える教育相談，豊かで

質の高い保育に欠かせない保護者や地域との連携・協働，歴史的視点から幼児教育・保育を支える理論と実践について論じ，教育・保育の不易や流行にも目配りして編まれています。

　各章末には，読者に考えてほしい「課題」や「推薦図書」を用意しました。今日，すべての教育段階で求められているアクティブ・ラーニングを実践し，自分なりの答えを考え，周囲の人と議論し，問題の根幹に迫ってほしいと思います。

　また，巻末の「免許・資格取得までの道のり」には，教育・保育の学びを経て取得できる主要な免許・資格を9つ取り上げ，取得要件等を整理しました。同様に，資料編には，教育・保育の基本的な法律等を取り込みました。このように，本書は，幼児教育・保育の本質や問題を理解すると同時に，新たな学びの世界へと導く仕掛けに満ちています。大学・短大や専門学校での授業だけでなく，家庭や生涯学習の場面等でも是非活用していただければと願っています。

　最後になりましたが，本書の企画から編集，出版に至るまで，学文社の落合絵理氏には，大変お世話になりました。執筆者を代表して厚く感謝を申しあげます。

2020年　初春月　　編者　髙野良子

❖ 目 次 ❖

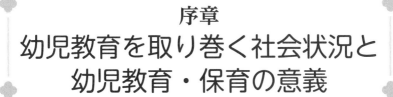

序章
幼児教育を取り巻く社会状況と幼児教育・保育の意義

　わが国では，少子高齢化が急速に進展した結果，2008年をピークに総人口が減少に転じており，人口減少時代を迎えている。拍車がかかっている少子化に歯止めをかけるためにも，子育てを支援する施策は国の最重要課題のひとつといえる。直近では2019（令和元）年10月1日より，3歳から5歳の子どもの幼稚園や保育所や認定こども園等の利用料の無償化がスタートしている。

　本章では，幼児教育を取り巻く社会状況を整理したうえで，幼児教育の意義を検討する。なお，本書では，幼児とは，基本的には小学校就学前の者を意味している。また，幼児教育・保育とは，幼児に対する教育・保育を意味し，幼児が生活するすべての場において行われる教育・保育を総称し，広がりをもった概念として捉えている。

1．幼児教育を取り巻く社会状況

　本節では，幼児教育を取り巻く社会状況を，少子化の現状，保育の低年齢化等への対応，幼児教育の潮流の3点から検討する。

(1) わが国の少子化の現状

　少子化とは，**合計特殊出生率**（一人の女性が生涯に産む平均子ども数，以下，出生率）の低下やそれに伴う家庭や社会における子どもの数の低下傾向のことであるが，人口学では，出生率が，人口を維持するのに必要な人口置換水準（人口が長期的に維持される水準：2017年現在2.06）[1]を相当期間下回っている状況を「少子化」と定義している。[2] また，日本の総人口は，2008年を境に減少局面に

入っているが，人口減少とあわせて高齢化も進行し，有史以来の未曾有の事態に直面している。このように，少子化は，経済や市場規模の縮小，地域・社会の担い手の減少など，国の社会経済の根幹を揺るがしかねない深刻な問題である。それでは，家族や教育にも影響を及ぼす子どもの数の低下はどのように推移してきたのだろうか。

図0.1「出生数および合計特殊出生率の年次推移」が示すように，日本における**出生数**は，第一次ベビーブーム期（1947〜1949年）には約270万人，1970年代前半の第二次ベビーブーム期（1971〜1974年）には約200万人であったが，1970年代半ばから長期的に減少傾向となっている。厚生労働省による2018（平成30）年の出生数（確定数）は，1899（明治32）年の統計開始以来，最少だった2017年の94万6,146人を下回り，91万8,400人で過去最少を更新した。出生数

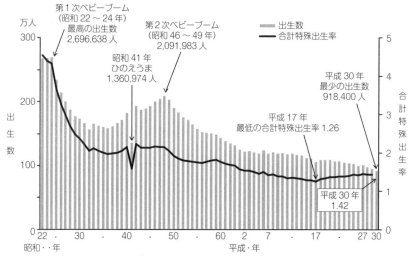

図0.1　出生数および合計特殊出生率の年次推移

（注）2017（平成29）年までは確定数，2018（平成30）年は推計数
（出所）厚生労働省「平成30（2018）年人口動態統計月報年計（概数）の概況」より作成。

1）内閣官房まち・ひと・しごと創生本部事務局（2019）「将来の人口動向等について」p.5
2）髙野良子（2018）「少子化と子育て支援」日本教育社会学会編『教育社会学事典』（共著），丸善出版，pp.322-323

が100万人を割る「ミリオンショック」が3年連続となり，少子化に拍車がかかっている。

　出生数に加えて，少子化を示す指標として出生率もよく用いられる。図0.1が示すように，第1次ベビーブーム期には4.3を超えていたが，1950年以降急激に低下する。1970年代前半までは，ほぼ2.1台で推移していたが，1975年に2.0を下回って以後，再び低下傾向となった。とりわけ1989年には，それまで出生率が最も低かった丙午（1966年）の数値1.58を下回る1.57を記録し，いわゆる「1.57ショック」が日本列島を駆け抜け，少子化が社会問題として広く認識されるようになった。2005年には1.26と過去最低を更新した。それ以降の出生率は，横ばいもしくは微増傾向だが，2018年も1.42と低い水準にあり，長期的な少子化の傾向が継続している。　　　　　　　　　　［髙野良子］

(2) 待機児童と保育の低年齢化および長時間化への対応

　厚生労働省によれば[3]，2019年の**待機児童**数[4]は1万6千人余りであり，その約9割を3歳未満児が占めている。乳幼児のいる保護者が就労するためには，保育所等へ子どもを預けて，安心して働ける環境が整っている必要があるが，保育所等が定員いっぱいで子どもを預けられないことが問題となっている。

　現在，わが国の共働き世帯数は年々増加しており，内閣府の試算によれば，2017年から2020年の間に32万人分の保育の受け皿を整備することが必要となっている。特に1・2歳児の保育園等利用率は，近年，急激に上昇しており，**保育の低年齢化**が急速に進行している。また**保育の長時間化**も問題となっている。2016年の全国保育士協議会の報告によれば[5]，保育所の平均開所時間は11.7時

3）厚生労働省（2019）「保育所等関連状況取りまとめ（平成31年4月1日）」
4）待機児童とは「保育の必要性の認定（2号又は3号）がされ，特定教育・保育施設（認定こども園の幼稚園機能部分及び幼稚園を除く。以下同じ。）又は特定地域型保育事業の利用の申込がされているが，利用していないもの」をいう。（厚生労働省（2016）「保育所等利用待機児童数調査に関する自治体ヒアリング」）
5）社会福祉法人全国社会福祉協議会・全国保育協議会（2017）「全国保育協議会会員の実態調査報告書2016」

間となっており，なかには子どもが12時間以上も保育所で生活する状況が生じている。この背景には，**核家族化の進行**や保護者の勤務形態の複雑化，**ライフスタイルの多様化**，女性のキャリアに対する考え方の変化，若者の非正規雇用率の高さなど，さまざまな社会的要因が関連している。

2017年に改訂・告示された保育所保育指針や幼保連携型認定こども園教育・保育要領では，こうした保育の低年齢化や長時間化の状況においても，低年齢児が心身ともに健康で安心して生活できるようにするための保育者の関わりが示されている。例えば「一人一人の子どもがくつろいで共に過ごし，心身の疲れが癒やされるようにする。」（保育所保育指針第1章総則　2養護に関する基本的事項 (2) 養護に関わるねらい及び内容イ情緒の安定）という一文は，子どものくつろいで過ごす場所や時間の確保，そこで心身の疲れが癒されるように配慮することが，子どもの心身の健康にとって重要であることを示している。特に，家庭的でゆったりとした環境は，子どもがくつろいで過ごすための環境として望ましいとされており，保育時間の長い低年齢児の情緒の安定を図っていくことが求められている。

[實川順子]

(3) 幼児教育を重視する世界的な流れとわが国の動向

①世界的な幼児教育の動き

世界的に幼児教育は生涯にわたる人格形成や教育の基礎を培う重要なものと認識され始めている。ジェームズ・J. ヘックマンは『幼児教育の経済学』(2015) の中で，幼少期の教育がその後の人生を左右することを解き明かした。

表0.1　世界的な幼児教育の流れの一例

国名	内容
イギリス	3〜4歳児 (5歳から義務教育) の幼児教育は無償。 2014年より低所得世帯の2歳児も無償化。
フランス	3〜5歳児を対象とした公立の幼稚園は無償。
韓国	3〜5歳児の公立での幼児教育は無償。私立は段階的に拡大予定。

このような幼児教育の重要性を掲げる発表は世界的に影響を及ぼし，国を挙げて幼児教育を重視した政策がとられるようになった。その内容の一例を表0.1に示す。

②幼児教育の無償化

わが国においても，2019年10月より幼稚園，保育所，認定こども園等を利用する3〜5歳児のすべての子どもの利用料が無償化された。この**幼児教育の無償化**は，生涯にわたる人格形成の基礎を培う幼児教育の重要性や，幼児教育の負担軽減を図るために促進されることとなった。

近年の日本において，子どもの貧困率は2015年で13.9%であり，ひとり親家庭の**子どもの貧困率**は2015年で50.8%と高い水準にある。[6] このうち母子世帯の就業形態はパート・アルバイト等が43.8%であり，父子世帯は6.4%である[7]ことから，母子世帯は父子世帯と比べて収入が低く不安定な状況にあることが考えられる。

幼児教育が無償化されることで，すべての子どもが家庭環境等に左右されることなく，幼児教育を受けることが可能となった。一方で，幼児教育に公的資金が投入されることから，保育者は資質・能力の向上に努めることがより一層求められる。

[山田千愛]

2. 幼児教育・保育の内容

本節では，幼児教育・保育のねらいと内容，幼保小の連携の意義について概観する。

---

6) 厚生労働省政策統括官付参事官付世帯統計室（2017）「平成28年国民生活基礎調査の概況」
7) 厚生労働省子ども家庭局家庭福祉課（2017）「平成28年度全国ひとり親世帯等調査結果の概要」〈https://www.mhlw.go.jp/file/04-Houdouhappyou-11923000-Kodomokateikyoku-Kateifukishika/0000188136.pdf〉（2019年10月2日9時30分）

(1) 幼児教育・保育の目的

　みなさんは自分の子ども時代を覚えているだろうか？

　私たちは誰もが，乳幼児期の子ども時代を経て大人になった。しかし，自分の乳幼児期を詳しく覚えている人はいない。未熟な状態で生まれ，記憶には残らない，未成熟な子ども時代が長いことが，人間の大きな特徴なのである。

　子ども時代は，未成熟であるがゆえに，自分だけでは生きていくことができない。そのために保育者・保護者等による教育・保育が必要となる。18世紀ドイツの哲学者カントは，「人間は教育を必要とする唯一の動物である」（「教育学講義」）といった。人間は教育を受けることで初めて人間になることができるのである。私たちが今，人間として生きていることは，幼児教育・保育を受けて育てられてきたことに他ならない。

　幼児教育・保育は，人間が人間を人間として育てる営みである。この営みには，いつの時代も変わらない**普遍性**がある。幼児教育・保育の目的が普遍性をもっていることを忘れてはならない。人間として育てる営みは，大きくは，子どもの成長・発達を保障していくことである。幼児教育・保育が，その後の人間としての生き方を大きく左右する重要なものであることを認識し，子どもの育ちについて常に関心を払うことが必要である。[8] 子どもたちは幼児教育・保育を受けることで，人間として，社会の一員として，よりよく生きるための基礎を獲得していくのである。

　一方で幼児教育・保育の営みは社会の情勢や国の施策によって変化していく部分を有している。子どもが未来を担う存在であればこそ，未来がどのようにあってほしいのかは社会の要請によって異なってくる。幼児教育・保育の目的は，人間が人間を人間として育てる普遍性と，次代を担う人間を育てるために，社会の要請に応じて変化していく部分の両方を有しているのである。

　2017（平成29）年，文部科学省は18年間（0歳から18歳まで）にわたる国とし

---

8) 文部科学省　「資料2　子どもを取り巻く環境の変化を踏まえた今後の幼児教育の在り方について（中間報告）（案）」2004年（平成16年）中央教育審議会

ての教育計画を告示した。学校教育のはじまりとして幼児教育・保育を捉えたのである。これは画期的なことである。子どもは生まれた瞬間から，社会の一員として教育を受ける権利を有し，その権利の実現をめざして，育っていく。子どもの傍らに位置づいて，その権利の実現を保障していくのは，保育者・保護者なのである。将来，子どもが人間として充実した生活を送るうえで，保育者・保護者の存在は必要不可欠である。　　　　　　　　　　　　　［栗原ひとみ］

(2) 乳児期の３つの視点から５領域へ

①幼稚園教育要領と保育所保育指針，幼保連携型認定こども園教育・保育要領（以下，教育保育要領）の違い

　幼稚園入園は満3歳からである。保育所およびこども園等の入園は生後2か月からである。そのため，幼稚園教育要領は満3歳以上の内容であるが，保育所保育指針と教育・保育要領には乳児期からの内容が記されている。ここが異なるところである。

②保育所保育指針，教育・保育要領「第2章　保育の内容」の構成

　保育所保育指針，教育・保育要領，ともに第2章には保育の内容が記されており，以下の4つで構成されている。

　　①　乳児保育に関わるねらい及び内容
　　②　1歳以上3歳未満児の保育に関わるねらい及び内容
　　③　3歳以上児の保育に関するねらい及び内容
　　④　保育の実施に関して留意すべき事項

　ここには，それぞれの時期の育ちの連続性を踏まえながら，大きくは3つの年齢段階に分けて，最後には保育を実施する際に留意すべきことが記されている。

③乳児保育の３つの視点

　幼稚園教育要領も保育所保育指針，教育・保育要領も保育の内容は5つの領

域で示されている。そこは統一されている。すなわち，領域「健康」，領域「人間関係」，領域「環境」，領域「言葉」，領域「表現」である。しかし生後間もない乳児期は心身のさまざまな機能が未熟である。そのため，この5つの領域を保育内容とするのではなく，まずは安全・安心な環境のもとで，乳児みずからが育とうとする姿を尊重することが重要である。

　乳児の姿を尊重すると，保育の内容として「健やかに伸び伸び育つ」「身近な人と気持ちが通じ合う」「身近なものと関わり感性が育つ」という視点が導き出される。すなわち，健康という視点，人間関係という視点，環境，これが乳児期の3つの視点である。この3つの視点から保育と教育が一体となって展開されることが求められている。

④3つの視点から5領域へ

　乳児保育の3つの視点が，その次の時期である，1歳以上3歳未満児の保育の5つの領域へと連続性をもって，つながっていく。保育所保育指針，教育・保育要領には1歳以上3歳未満児の保育内容から5領域として，ねらいおよび内容が記されている。

　3つの視点も5つの領域も，単独で，あるいは単体の事項として理解されるものではない。それぞれの視点や領域は総合的に，重なり合いながら，そのねらいと内容が方向性としてめざされるべきものである。　　　　　［栗原ひとみ］

(3) 5領域の複合的な視点

　幼稚園教育要領・保育所保育指針等では，保育において育みたい資質・能力を子どもの生活する姿から捉えた「ねらい」を示し，その「ねらい」を達成するため保育者が指導・支援する事項である「内容」を，下記の5つの領域としてまとめ，示している。
・心身の健康に関する領域「健康」
・人との関わりに関する領域「人間関係」
・身近な環境との関わりに関する領域「環境」

・言葉の獲得に関する**領域「言葉」**

・感性と表現に関する**領域「表現」**

　それぞれの領域で示されている「ねらい」は，子どもが「様々な体験を積み重ねる中で相互に関連を持ちながら次第に達成に向かうものである」とされている。

　例えば，日本語としては不完全な言葉を子どもが発し，保育者が子どもの意を汲んで適切な言葉に整え，言い直して子どもに返す場面を考えてみよう。子どもの伝えたい気持ちが「言葉」として「表現」され，それを受け取った保育者との関わり（「人間関係」）において，自分の気持ちを代弁してもらった満足感や受容されている安心感を持つことは，子どもの心の「健康」につながる。このように，保育者は，「環境」の一部として常に子どもに影響を与えている。

　本書でも，領域ごとにその内容を概説していくが，5領域はそれぞれ個別に独立して考えるべきものではない。保育のどの活動においても，5つの領域は上記の例のように相互に関わっている。その活動をどの側面から見つめるかによって，いずれかの領域に重点が置かれる可能性はある。また，そのような分析的な視点をもつことが保育の質を深めていくためには重要である。しかし，「子どもの活動」「子どもとの関わり」を領域にとらわれず「まるごと」捉えようとする総合的な視点をいつも心にとどめておきたい。　　　　　　　　［髙木夏奈子］

(4) 3本の柱と10の姿

　5つの領域では子どもの生活や遊びを通して総合的に生きる力の基礎をはぐくむことが求められている。そのため，小学校以降の子どもの発達を見通しながら，求められている資質・能力をはぐくむことが重要である。乳幼児が未来を切り拓く生きる力をはぐくむために必要とされる資質・能力（「育みたい資質・能力」）および「幼児期の終わりまでに育ってほしい姿」が，幼稚園教育要領，保育所保育指針，教育・保育要領にはいずれも第1章総則に明確に示されており，以下に示す3本の柱と10の姿としてまとめられる。

①育みたい資質・能力（3本の柱）

(1)「知識及び技能の基礎」

　豊かな体験を通じて，感じたり，気づいたり，わかったり，できるようになったりする。

(2)「思考力，判断力，表現力等の基礎」

　気づいたことや，できるようになったことなどを使い，考えたり，試したり，工夫したり，表現したりする。

(3)「学びに向かう力，人間性等」

　心情，意欲，態度が育つ中で，よりよい生活を営もうとする。

②幼児期の終わりまでに育ってほしい姿（10の姿）

(1) 健康な心と体

(2) 自立心

(3) 協同性

(4) 道徳性・規範意識の芽生え

(5) 社会生活との関わり

(6) 思考力の芽生え

(7) 自然との関わり・生命尊重

(8) 数量や図形，標識や文字などへの関心・感覚

(9) 言葉による伝え合い

(10) 豊かな感性と表現

③3本の柱と10の姿をどのように理解したらいいのか

　乳幼児期は，諸能力が総合的に発達する特性を踏まえ，一体的に育むものである。

(1) 3本の柱と10の姿は，ともに保育活動全体を通して一体的に育むものであり，個別に取りだして身に付けさせるものではない。

(2) 3本の柱と10の姿は，幼児の自発的な活動である遊びや生活の中で，育むことが重要である。10の姿は小学校就学時の具体的な姿である。このように幼児教育・保育と小学校教育とが，子どもの姿を共有化することで一層の連携が図られることになる。

(3) 3本の柱と10の姿は18年間（乳幼児期0歳から高校卒業18歳まで）の教育計画であり，100％，乳幼児期に達成されるものでは決してない。あくまで方向性や，保育を振り返る際や，教育課程の検討を行う際に考慮されるものである。　　　　　　　　　　　　　　　　　　　　　　　［栗原ひとみ］

(5) 保幼小連携の重要性

　幼稚園・保育所・子ども園（以下，園）を卒園した子どもは小学校に入学するが，園と小学校では大きく生活環境が異なる。例えば，園では緩やかな時間の流れの中で子どもの様子を見ながら保育者が保育を展開し，子ども一人ひとりに合わせた遊びを通した学びが見られる一方で，小学校では曜日ごとに決められた時間割で授業が展開され，一対多で話を聞く一斉活動が多い。このような生活環境の大きな変化に伴い，小学校に入学したばかりの子どもが落ち着かずに立ち歩く，先生の話を聞くことができないといった問題行動を示すことを「小1プロブレム」という。この小1プロブレムを受けて，園から小学校への円滑な移行を目指す「保幼小連携」の重要性が指摘されてきた。保幼小連携の具体的な取り組みは自治体や園・学校ごとで異なっているが，主な取り組みとしてカリキュラムの作成と交流活動の実施が挙げられる。

　カリキュラムは，主に年長児後半から小学校1年生前半にかけての接続期に，園・小学校それぞれで作成される。園では主に年長児の9月頃から，時間を意識したり一日の見通しをもって生活する，子ども同士で話し合う機会を増やす，一対多の形で保育者の話を聞いたり他児の前で発表する機会を設けるといった「アプローチカリキュラム」を編成し，小学校生活を意識した取り組みを取り入れている。小学校では主に1年生のGW明けや1学期終了までを目安に，園生活を意識した合科的な活動を多く取り入れる，45分授業を短時間に区切る

といった「**スタートカリキュラム**」を編成し，幼児教育を生かし小学校生活に徐々に慣れるような取り組みを取り入れている。

　交流活動は，年長児が小学校へ訪問し1年生と遊ぶ，5年生と一緒に学校探検するというように，園と小学校の子ども同士が触れ合う活動である。交流活動を通して，年長児は小学校入学後の生活を具体的にイメージすることができ，不安の軽減に繋がる。小学生も年下の子どもと関わることで思いやりの心が育つだけでなく，これまでの自分を振り返って自信に繋がる。このように，園と小学校で互恵的な交流活動にすることが望ましい。また子どもだけでなく教員同士も交流し，互いの教育・保育方針への理解を深めることで，子どもたちの連続した育ちを捉えることができる。　　　　　　　　　　　　　［北田沙也加］

参考文献
菊地篤子（2019）『ワークで学ぶ保育内容「人間関係」』みらい
玉瀬友美（2012）「保育における発達援助」福沢周亮監修，藪中征代・星野美穂子
　編『保育の心理学―子どもの心身の発達と保育実践―』教育出版，pp.175-221

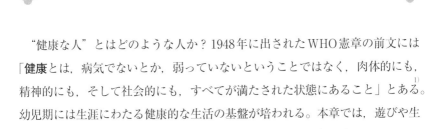

第1章
子どもと健康

"健康な人"とはどのような人か？1948年に出されたWHO憲章の前文には「健康とは，病気でないとか，弱っていないということではなく，肉体的にも，精神的にも，そして社会的にも，すべてが満たされた状態にあること」とある[1]。幼児期には生涯にわたる健康的な生活の基盤が培われる。本章では，遊びや生活を通して，幼児がどのように健康な心と体を育むのかを解説する。

1. 領域「健康」と保育

(1) 領域「健康」のねらい

幼稚園教育要領等[2]の領域「健康」では「健康な心と体を育て，自ら健康で安全な生活をつくり出す力を養う」と示されている。以下では，領域「健康」の3つのねらいについてみていく。

ねらい1：明るく伸び伸びと行動し，充実感を味わう。

幼児が明るく伸び伸びと行動するためには，園が安心できる場であることが大切である。そのために，まずは保育者や他児との信頼関係作りから始まる。安心して園生活が送れるようになると，幼児は少しずつ周囲に目を向け，自分のやりたい遊びを見つけ始める。「やってみたい」と思える遊びがあり，その

1) 公益社団法人日本WHO協会（1948）健康の定義について　https://www.japan-who.or.jp/commodity/kenko.html（2019年9月21日）
2) 以降の章において，「幼稚園教育要領等」は，保育所保育指針，幼保連携型認定こども園教育・保育要領も含む。

中で保育者や他児と心を通わせる楽しさを十分に経験できると，子どもたちの生活は充実していく。このように安定した情緒の中で，自分のやりたいことに取り組み，充実感や満足感を味わえる「心の育ち」が大切である。

ねらい2：自分の体を十分に動かし，進んで運動しようとする。

「やってみたい」と思う遊びを見つけると，自然と幼児の体は動き出す。遊びでは，戸外で走り回ったり飛び跳ねたりといった全身の動きや，はさみを使った製作や粘土で何かを作るなどの指先の動きを経験する。多様な動きを経験する中で，自分の体の動かし方や体を動かす楽しさに気づくだろう。幼児期は，体を鍛えたり，難しい技を習得したりするための運動ではなく，興味のある遊びに取り組む中で自然と多種多様な動きを経験することが大切である。

ねらい3：健康，安全な生活に必要な習慣や態度を身に付け，見通しをもって行動する。

幼児は園生活の中で，身の回りの清潔，衣服の着脱，食事，排泄などの基本的な生活習慣を身に付けていく。最初は保育者の助けを必要とするが，徐々に習慣化されると，幼児自身が見通しをもって行動できるようになる（例えば，片付けまでの残りの遊び時間を考えて遊びを選択するなど）。

また，自分や友達が病気をした時，身体測定・健康診断を受ける時は，幼児が健康について考えるよい機会である。その都度，病気の予防のために手洗い・うがいや歯磨きの習慣化の重要性を伝えていきたい。日々の怪我も，幼児が自分で安全な遊び方を判断する力を養うためには大切な経験である。

(2) 領域「健康」の視点から幼児の育ちを読み取る

では，保育現場で見られる幼児の姿を領域「健康」の視点から捉えると，どのような心と体の育ちが見えるだろうか。次の事例（事例1.1）で考えてみる。

〈心の育ち〉としては，暑い夏の日にプールに入る気持ちよさを感じている。また，A太はこの日初めて苦手な顔つけに成功した。苦手なことに挑戦して達

事例1.1　プールで宝さがしの事例（4歳児／8月）

　みんなが宝さがしゲームを楽しむ中，A太は水に顔をつけるのが怖くて泣き始めた。するとB子が「A太くん，こうやってやるの」とアドバイスをする。隣で見ていたC男も「がんばれ」とA太の背中を優しく押す。みんなに見守られる中，A太はついに勇気をふりしぼり，水に潜ることができた。緊張がほどけて呆然とするA太の横で，A太を見守っていたB子やC男が「やったー！できた！」と大喜びする。

成できた時の喜び，諦めずに挑戦できた自分への自信を感じることができた。そして，自分の挑戦を近くで見守り，できたことを一緒に喜んでくれる友達の存在は，A太がクラスの仲間に受容されながら安心して生活していることを示す。

　〈体の育ち〉としては，水中は陸よりも運動強度が高くなる。宝物を探して水中を動き回ったり潜ったりすることで，幼児の体力や心肺機能は高まる。幼児期には，どれくらい泳げるかという距離よりも楽しく泳ぐことが大切である。

　このように，幼児は遊びの中で心と体を育てていく。

　以下では，領域「健康」で育てたい力を，①体を動かすこと，②基本的な生活習慣の形成，③安全に行動することの3つの観点から解説していく。

2.　体を動かすこと

(1) 幼児の運動能力の現状

　1966年以降，50年以上継続して4～6歳の幼児の運動能力（25m走，立ち幅跳び，ボール投げなど6種目）を測定する調査によると，1986年をピークに幼児の運動能力は低下傾向にある[3]。その背景には，社会環境や生活様式の変化により，

3）森司朗・吉田伊津美・筒井清次郎・鈴木康弘・中本浩揮・杉原隆（2018）「幼児の運動能力の現状と運動発達促進のための運動指導及び家庭環境に関する研究」『平成27～29年度文部科学省科学研究費補助金（基盤研究B）研究成果報告書』

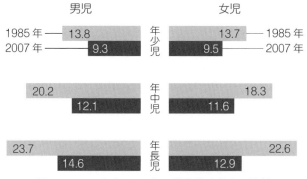

男児　　　　　　　　　女児

	1985年	2007年
年少児	13.8 / 13.7	9.3 / 9.5
年中児	20.2 / 18.3	12.1 / 11.6
年長児	23.7 / 22.6	14.6 / 12.9

図1.1　1985年と2007年の動作発達得点の比較

（出所）中村和彦ら（2011）「観察的評価法による幼児の基本的動作様式の発達」『発育発達研究』2011（51），p.14より作成。

　子どもの遊びに必要な"三間（さんま）"＝遊ぶ時間・空間・仲間が失われ，体を動かして遊ぶ機会が減ったことが考えられる。この事態を受け，2012年には文部科学省が「**幼児期運動指針**」を策定した。幼児の運動遊びを国として保障する取り組みの成果もあり，2008年から2016年にかけては運動能力の上昇傾向が認められている[4]。

　しかし，1980年代に比べると現在の幼児の運動能力は未だ低い水準にある。7つの基本動作（疾走動作，跳躍動作，投球動作等）の洗練度は，2007年の年長児が1985年の年少児に近い結果だった[5]（図1.1）。動作の未熟さの背景には，その動作の経験不足があるだろう。

　子ども時代の身体活動は，子ども時代の健康状態だけでなく，大人になってからの身体活動や健康状態にも影響するという長期的な運動効果が証明されている[6]。保育者は，幼児期に子どもたちが十分に身体を動かせるような（動かし

---

4) 前掲3) に同じ。

5) 中村和彦・武長理栄・川路昌寛・川添公仁・篠原俊明・山本敏之・山縣然太朗・宮丸凱史（2011）「観察的評価法による幼児の基本的動作様式の発達」日本発育発達学会『発育発達研究』2011（51），pp.1-18

6) Boreham, C. & Riddoch, C. (2001) The physical activity, fitness and health of children. *Journal of Sports Sciences*, 19 (12), 915-929.

たくなるような）環境を整える必要がある。

(2) 幼児期の「体を動かす遊び」

「幼児期運動指針」は，幼児期の「体を動かす遊び」では，以下の3点に留意することが大切であると示している。

① "多様な動き" が経験できるように様々な遊びを取り入れること

保育活動の中で体操などの**運動指導**を「行っている」園と「行っていない」園では，運動指導を「行っていない」園の幼児の方が運動能力が高い（図1.2）。一体なぜだろうか。

杉原隆らはその理由について，運動指導では，①特定の動きの繰り返しが多く，幼児期に必要な**"多様な動き"** が経験できないこと，②指導者の話を聞いたり，順番を待ったりする時間が長く，実際に体を動かす時間が少ないこと，③子どもの自発的な意欲に基づく活動でない場合，体を動かしたいという意欲が育ちにくいことなどを挙げている[7]。

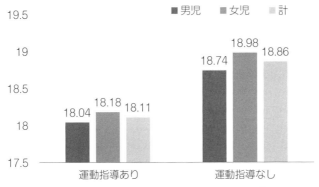

図1.2　運動指導の有無による運動能力の差

（出所）杉原隆ら（2010）「幼児の運動能力と運動指導ならびに性格との関係」『体育の科学』60 (5)，pp. 341-347 より作成。

---

7) 杉原隆・吉田伊津美・森司朗・筒井清次郎・鈴木康弘・中本浩揮・近藤充夫（2010）「幼児の運動能力と運動指導ならびに性格との関係」『体育の科学』60 (5)，pp. 341-347

図1.3　新聞紙で遊ぼう

(出所)「幼児期運動指針普及用パンフレット」より一部抜粋。

　つまり幼児期には，自発的な遊びを通して多種多様な動きを経験したい。例えば，新聞紙一つとっても使い方次第で多様な動きを経験できる(図1.3)。保育者は日々教材研究を行い，遊びのレパートリーを広げることが大切である。

② 楽しく体を動かす"時間"を確保すること

　多様な動きを経験するためには，量(時間)的な保障も大切である。幼児期運動指針では，室内・戸外にかかわらず，幼児が"毎日，合計60分以上"体を動かすことを推奨している。外遊びは，園環境や天候によっても左右される。保育者は，室内でもできる運動遊びを考えたり，通園時間や休日も意識的に体を動かすように保護者に伝えたりすることが大切である。

③ "発達の特性"に応じた遊びを提供すること

　幼児期は運動機能が急速に発達する。基本的な動きの「種類」が増えると同時に，力み・ぎこちなさが減り，より効率よく動けるように「洗練さ」が高まる。幼児期の運動面の発達を表1.1に示す。運動機能の獲得には，年齢だけで

表1.1　幼児期の運動面の発達

	3歳児	4歳児	5歳児
歩く・走る	・後ろ向きに歩くことができる。 ・走りながらの方向転換がスムーズになる。	・走るスピードが増し，速さを調節できる。 ・階段を片足ずつ交互に登り降りする。	・安定した走り方で全力疾走ができる。 ・走りながらスピードコントロールができる。 ・バトンタッチができる。
投げる・蹴る	・両手に持ったボールを頭上から投げる。 ・静止したボールを蹴る。	・走りながらボールを蹴る。 ・利き腕で上手にボールを投げる。 ・ぞうきんがけ（ぞうきんを床につけながら足で床をけり進む）ができる。	・ボールを力いっぱい蹴ったり，投げたりでき，サッカーやドッジボールなどのルールのあるゲームを楽しむ。
跳ぶ	・その場でケンケンをする。 ・約30cmの高さから跳び下りる。	・スキップができる。 ・左右どちらの足でもケンケンができ，前進できる。	・跳び箱や縄跳び，タイヤ跳びを楽しむ。
遊具	・三輪車のペダルをこぐ。 ・鉄棒にぶら下がったり，ジャングルジムに一段登る。 ・ブランコやシーソーでバランスをとる。	・ブランコやシーソーを上手にこぐ。 ・登り棒に登る。 ・平均台の全部の長さをゆっくり渡ることができる。 ・鉄棒の逆上がりに挑戦する。	・竹馬や自転車に乗る。 ・うんていで前に進んだり，鉄棒で回転に挑戦する。 ・ジャングルジムの頂上まで登ったり，ブランコの立ちこぎができる。
指先・手先	・粘土を両方の手のひらで丸める。 ・はさみで形を切り抜くことに挑戦し始める。	・片手に粘土を持ちながら，もう片方の手でヘラ等を使う。 ・ひもが結べる。 ・はさみで形を切ることが上手になる。	・箸，鉛筆，ほうきや金づちなど生活用具を使いこなせるようになる。

（出所）河原紀子（2017）『0歳〜6歳子どもの発達と保育の本』学研，pp.46-68，田中真介（2009）『発達がわかれば子どもが見える』ぎょうせい，pp.102-123，徳安敦・山本明美編著，近藤幹生監修（2018）『生活事例からはじめる―保育内容―健康』青踏社，pp.74-79より作成。

はなく，経験が大きく影響している。発達の個人差に留意しながら，保育者は「今，この子が獲得したい動きは何か」「その動きを経験できる遊びは何か」を常に考えることが大切である。動きが多様化・洗練化すると身体感覚も高まり，怪我の予防にもつながるだろう。

(3) 体と心 (脳) のつながり

　運動遊びは運動機能の向上だけでなく，心 (脳) の発達にも影響する。

①思考力

　例えば，木登りをしている幼児を想像してみよう。木に登る過程では，「次はどの位置に手を置くか」「足はどこにもっていくか」「この枝は折れないか」「この高さは危険ではないか」などいろいろなことを考える。木登りでは，全身の筋力が育つと同時に，瞬時に状況判断をする思考力も培われる。

②粘り強さ，達成感，自信

　登り棒の頂上まで登れる年長児に憧れて，年中児が何度も登り棒に挑戦する姿がよく見られる。時には悔し涙を流しながら，手にはたくさんマメを作り，何度も挑戦していると，日に日に登れる高さが高くなっていく。そしてある日，気づいた時には頂上まで登れるようになっている。自分の決めた目標に向かって粘り強く取り組んだ結果，できたときの達成感は計り知れない。こうして得た自信は，幼児が次に新たな挑戦をする時のエネルギーになる。

③社会性

　ドッヂボールや鬼ごっこなどの集団で行う運動遊びの場合，ルール確認や役割分担が必要になる。例えばドッヂボールの場合，チーム分けの方法やセーフ／アウトの基準をみんなで話し合って決めたり，相手チームに勝つための作戦会議をしたりする。時には思いがぶつかり合いながら，どうすればみんなで楽しめるのかを考える中で，幼児は人との関わり方 (社会性) を学ぶ。

3. 基本的な生活習慣の形成

　基本的な生活習慣とは，食事・排泄・睡眠・清潔・衣服の着脱の5つを指す。基本的な生活習慣の形成は，身辺の自立（自分の身の回りのことを自分でできる）を意味する。生活に必要な行動を自分でできるようになると，幼児は自信を持って遊びに取り組むことができる。特に「よく遊び，よく食べ，よく寝る」という**生活リズム**の安定は，子どもの心と体の健やかな成長の基盤となる。

(1) 生活リズムが大事な理由

　人間の体内時計は本来，日中は体と心が「活動状態」になり，夜間は「休息状態」に切り替わる。朝の目覚めがよいと，朝食をきちんと食べることができるため，日中は活動への意欲や集中力が高まり，体をしっかりと動かすことができる。日中に活動的であると夕方にはお腹が空き，夜はぐっすりと眠ることができる。しかし，このリズムのどこか一部が乱れると生活リズムは全体的に乱れてしまう（図1.4）。生活リズムの乱れは，成長に必要なホルモンの正常な分泌を妨げる。「**早寝早起き朝ごはん**」全国協議会（2006年発足）は，幼児期から生活リズムを整える重要性を指摘している。

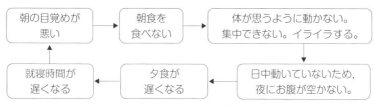

図1.4　乱れた生活リズムの悪循環

(2) 現代における幼児の生活習慣

　ここでは，特に食事と睡眠について述べる。近年，家族の生活時間の多様化や食の欧米化・利便化により，子どもの「**こ食**（孤食・個食・固食・粉食・小食・濃食）」が問題視されている。レトルト食品や冷凍食品が手軽に手に入るのは

便利だが，食品添加物や化学調味料には注意が必要である。近年増加する子どもの肥満も偏りのある食事が原因の一つだろう。幼児期の子どもは，特に体にいい食材をバランスよく食べることが大切である。また，食事はコミュニケーションの場でもある。家族で今日あった出来事を話したり，食事のマナーを伝えたりする時間にしたい。**食物アレルギー**も配慮が必要で，6歳以下の子どもの14.8％が食物アレルギーと思われる症状を起こした経験がある[8]。

　また，睡眠に関しては，就寝時刻が22時以降の「遅寝」である3〜6歳児が39.8％という報告があり，遅寝には「保護者の遅寝」や「2時間以上のテレビ視聴」，「20時以降の外出」が影響する[9]。幼児の睡眠には親の生活リズムが大きく影響している。近年スマホの普及で，子育てにスマホを使用する親も多い。夜のスマホの使用は睡眠の質を低下させるため，注意が必要である。

(3) 幼児の生活習慣を支える保育

　幼児の生活習慣を支えるために，保育者の役割として最も大切なことは「園での遊びを充実させる」ことだろう。日中，十分に身体と頭を動かして遊ぶことは，食事をおいしく食べ，ぐっすり眠ることにつながる。

　また，幼児が食に興味をもつきっかけ作りや楽しい食事の雰囲気作りも大切である。例えば，園庭で育てた野菜を収穫して食べる経験は食への興味を高める。食べ物が体の中でどのように働くのかをパネルシアター等を通じて伝えても良い。これらの活動は「**食育**」と呼ばれる。また，多くの園では遊びと同じ場で食事をとり，同じ机を使うが，なるべく落ち着いた食卓の雰囲気を作ることも大切である。晴れた日には，園庭やテラス等の戸外で食事をするのも気持ちがいいだろう。そして，食物アレルギーの子どもへの対応では，保護者としっ

8) 厚生労働省 「平成27年度　乳幼児栄養調査結果の概要」
　　https://www.mhlw.go.jp/file/06-Seisakujouhou-11900000-Koyoukintoujidoukateikyoku/
　　0000134210.pdf（2019年9月28日）
9) 三星喬史・加藤久美・清水佐知子・松本小百合・鳫野雪保・井上悦子・毛利育子・下
　　野九理子・大野ゆう子・谷池雅子（2012）「日本の幼児の睡眠習慣と睡眠に影響を及ぼ
　　す要因について」日本小児保健協会『小児保健研究』71（6），pp.808-816

かり情報共有をすること，職員が食物アレルギーに関する正しい知識をもつこと，園全体で誤食防止のためのチェック体制をとることが大切である。

　睡眠に関しては，保護者との連携が大切である。幼児期の短時間睡眠は，認知能力の遅れや将来的な肥満や生活習慣病のリスク要因になる。幼児の適切な睡眠に関して，保護者の正しい理解を促すことも保育者の役割である。

4. 安全に行動すること

(1) 危険を察知・回避する力

　子どもの命を守るために，保育者は安全環境を整える必要がある。一方で，幼児が自分の身を守れるようになるためには，危険な場所や遊び方を知る機会も必要である。危険には"リスク"と"ハザード"の2つがある（表1.2）。

　「リスク」は子どもの発達のために残したい危険であり，「ハザード」は定期点検や大人の見守りにより取り除きたい危険である。近年，事故防止のために公園のブランコ等が相次いで撤去されている。本来，子どもにとってリスクとなりうるこれらの遊具は，園で十分に経験できるようにしたい。また，事故に

表1.2　「リスク」と「ハザード」

リスク	子どもにも判断できる範囲の危険のこと。「ちょっと危ないけどやってみたい」というように，リスクは"遊びの要素"であり，幼児にとって冒険や挑戦の対象となる（例えば，「少し高いけど，ここからジャンプしてみたい」等）。多少の怪我をしても小さなリスクへの対応を経験することで，幼児は危険を察知したり，安全な行動をとったりする力を身に付ける。
ハザード	子どもには判断できない範囲の危険のこと。大人が取り除いておかなければいけない危険である。遊びの価値とは関係のないところで事故を発生させる恐れのある危険である（例えば，遊具の腐食・摩耗・破損等，劣化，脱げやすいサンダル・絡まりやすいヒモが付いた服装で遊ぶ等）。

10) 鈴木みゆき（2006）「第9章　保育と睡眠」上里一郎（監），白川修一郎（編）『睡眠とメンタルヘルス』ゆまに書房，pp.209-233
11) 関根道和・鏡森定信（2007）「子どもの睡眠と生活習慣病」『医学のあゆみ』20，医歯薬出版，pp.833-836

つながる恐れのあった事例は「ヒヤリハット報告」として記録し，原因分析・解決方法の検討を園全体で行い，リスク管理につなげる。

　また，**交通安全指導**も幼児が社会で安全に暮らすためには大切である。園で警察官から安全マナーやルールを学んだり，近隣の公園への散歩や遠足の時に道路の横断や信号の待ち方を練習したりする。子どもは大人よりも視野が狭いため，子どもの見え方を意識しながら安全指導を行うことが大切である。

(2) 病気を予防する力

　幼児は免疫が弱く，風邪や**感染症**にかかりやすい（表1.3）。丈夫な身体作りのためには，幼少期に感染症にかかる経験も必要だが，それらを予防する行動（手洗い・うがい，歯磨き）も身に付けたい。3〜6歳児は自身が風邪を引いた経験から，風邪の原因や風邪は移ること，ばい菌の存在に気づき始める。[12]

表1.3　保育現場における感染症と主な対策（特に注意すべき感染症）

1. 医師が意見書を記入することが考えられる感染症
麻しん（はしか），インフルエンザ，風しん，水痘（水ぼうそう），流行性耳下腺炎（おたふくかぜ，ムンプス），結核，咽頭結膜熱（プール熱），流行性角結膜炎，百日咳，腸管出血性大腸菌感染症（O157，O26，O111 等），急性出血性結膜炎，侵襲性髄膜炎菌感染症（髄膜炎菌性髄膜炎）

2. 医師の診断を受け，保護者が登園届を記入することが考えられる感染症
溶連菌感染症，マイコプラズマ肺炎，手足口病，伝染性紅斑（りんご病），ウイルス性胃腸炎（ノロウイルス感染症），ウイルス性胃腸炎（ロタウイルス感染症），ヘルパンギーナ，ＲＳウイルス感染症，帯状疱しん，突発性発しん

3. 上記1及び2の他，保育所において特に適切な対応が求められる感染症
アタマジラミ症，疥癬，伝染性軟属腫（水いぼ），伝染性膿痂しん（とびひ），Ｂ型肝炎

（出所）厚生労働省「2018年改訂版　保育所における感染症対策ガイドライン」

12）松井弘美・桶本千史・長谷川ともみ（2014）「子どもが認識する感冒の概念の変化」日本小児保健協会『小児保健研究』73（6），pp.845-852

単なる行動の形式化ではなく、幼児が**予防行動**の必要性を理解できるような伝え方をすると良いだろう（図1.5）。また、感染症が流行りやすい保育現場で働く保育者自身も十分健康管理に留意する必要がある。

図1.5　「かぜひきぞうさん」のパネルシアター

(3) 災害などの緊急事態に対応する力

　地震や火災、台風、水害などの災害に備えて、園では定期的に避難訓練を行う。想定する災害は地域によっても異なるだろう。幼児は、災害の正体がわからず、また自分で対処できる範囲が限られているため不安になりやすい[13]。その点にも十分配慮しながら、日頃から災害時の状況を想定した訓練を行っておくとよい（事例1.2）。また、幼児は自らの行動を決める際、周囲の大人をモデル

事例1.2　避難訓練の事例（5歳児／6月）

　地震を知らせる園内放送が流れた。子どもたちが保育者の指示で園庭に移動すると、園長先生から地震の影響で幼稚園の水が止まったこと、車の渋滞で給食センターに食材が届かず給食が作れないことが子どもたちに伝えられた（実際には、水道管の元栓を閉め、給食は事前キャンセルした）。何名かの子どもは本当に水が止まったのか、水飲み場に確認しに行った。昼食をどう  しようか保育者が困っていると、子どもたちから「畑で育てている野菜を採って、給食室のおばちゃんに料理してもらおう」という意見が出た。この日の昼食は、園庭の野菜で作ってもらった少量の野菜炒めと非常用食料として園に備蓄されていたかんぱんをみんなで分け合って食べた。

13) 加藤忠明 (2016) 「避難訓練」森上史朗・柏女霊峰編『保育用語辞典　第8版』ミネルヴァ書房、p.262

にする。緊急時こそ，保育者は落ち着いた態度で振る舞うことが大切である。家庭や地域社会（警察，消防署など）と連携しながら訓練を行うことも必要である。消火設備や警報設備，非常電源等も定期的に点検しておく。

［久保瑤子］

✎ 課題

・身近にあるものでできる運動遊びをできるだけ多く考えてみよう。
・自分の基本的生活習慣（食事，睡眠，運動）を振り返ってみよう。

📖 推薦図書

【映画】アンヌ＝ドフィーヌ・ジュリアン監督 (2016)『子どもが教えてくれたこと』DOMA
【書籍】三池輝久 (2014)『子どもの夜ふかし　脳への脅威』集英社新書

参考文献

河原紀子 (2017)『0歳〜6歳子どもの発達と保育の本』学研
田中真介 (2009)『発達がわかれば子どもが見える』ぎょうせい
徳安敦・山本明美編著，近藤幹生監修 (2018)『生活事例からはじめる-保育内容-健康』青踏社
早寝早起き朝ごはん全国協議会 (2012)「早寝早起き朝ごはんガイド」

第2章
子どもと人間関係

　あなたはこれまでどんな人と関わってきただろうか。親やきょうだい，祖父母などの家族の他，友達や先輩・後輩，保育園・幼稚園や学校の先生，習い事の先生，近隣地域の人，アルバイトや職場の人……などさまざまな人と関わり，多様な経験をしてきたからこそ，今のあなたがある。本章では，乳幼児が家庭や保育園・幼稚園でどのような人と関わり，どのような経験をしているのか，乳幼児の人間関係を支える保育とはどのようなものかについて解説する。

1．領域「人間関係」と保育

(1) 領域「人間関係」のねらい

　幼稚園教育要領等において，人との関わりに関する領域「人間関係」は，「他の人々と親しみ，支え合って生活するために，自立心を育て，人と関わる力を養う」と示されている。この「人と関わる力」を具体的にどのように育んでいくのかについて，幼稚園教育要領等では以下3つのねらいが設定されている。

ねらい1：幼稚園（保育所・こども園）生活を楽しみ，自分の力で行動することの
**　　　　　充実感を味わう。**

　幼稚園・保育所・こども園（以下，園）は家庭から離れて過ごす場であるため，はじめは不安に感じる子どもも多いが，保育者が不安な気持ちをあたたかく受け止め，心の拠り所となることで子どもは園でも安心して過ごし，遊びや活動を楽しむことができる。

　また，社会生活を送るためには他人に甘えたり依存したりするのではなく，

自分でできることは自分ですること，つまり「**自立する**」ことが求められる。そのために，園でも保育者に任せるのではなく，自分の鞄は自分でロッカーにしまうなど身支度を自分ですること，自分でやりたい遊びを決めること，自分で考えて主体的に行動しようとすることが重要になる。自分で考え，自分の力で行動し，**達成感・充実感**を味わうことで，子どもは自信をつけ，さらなるチャレンジができるようになる。保育者がすべて保育者主導で進めたり，よかれと思って子どものことをすべて手伝ったりすると，子どもの育ちには繋がらない。子どもの個性や発達段階に合わせ，子どもが自分で考え選択できるような活動を提案したり，「自分でしたい！」と思える環境を整えたりするなど，子どもの「自分でしようとする」意欲を育むことが大切である。

ねらい2：身近な人と親しみ，関わりを深め，工夫したり，協力したりして一緒に活動する楽しさを味わい，愛情や信頼感をもつ。

　園で子どもは，保育者や友達など園内の人だけでなく，散歩に行った先で挨拶する近隣のお店や公共施設で働く人，交流活動で関わる地域の高齢者や小学生，保育体験で園に来る中学生・高校生や実習生など，園外のさまざまな人とも関わっている[1]。多様な人との関わりが子どもの心を豊かにすることを意識し，子どもが友達や他者に親しみをもって関わることができるよう支えていきたい。

　また，特に友達とは単に一緒に遊ぶだけでなく，共通のイメージや目的に向かって工夫したり協力したりすることを意識したい。例えば，大型積み木で「宇宙船をつくる」という共通のイメージをもって遊んでいる子どもたちがいるとする。宇宙船の土台を作っていくうちに，操縦席をどこに作るかでイメージが異なり対立することもあるだろう。葛藤も感じながら互いにイメージをすり合わせて試行錯誤し，協力して宇宙船を完成させ，宇宙探検ごっこをして楽しく遊ぶ。このように，子どもが園で遊びを通して友達など他者と工夫・協力する経験は，思考力や想像力，協調性や**社会性**など「**生きる力**」の基礎の育ちに繋

1）地域との交流については第7章の100ページ参照。

がっているのである。

ねらい3：社会生活における望ましい習慣や態度を身に付ける。

　園は多くの子どもたちにとってはじめての集団生活の場となる。時には，友達と一緒に遊ぶ中で物の取り合いや意見の相違などによる**いざこざ**が起きる。いざこざを含むさまざまな経験を通して，子どもたちは友達やクラスの仲間と楽しく過ごすには，きまりが大切であることに気づいていく。例えば，物の取り合いであれば，人から勝手に物を取ってはいけない，共同の遊具は独り占めせずに順番で使う，などのルールの必要性に気づき，守ろうとする。このように園生活を通して，子どもたちは社会生活を送るうえで重要な基本的生活習慣や**道徳性・規範意識**を身に付けていく。上記のような子どもたちの"気づき"を見逃さず，一人ひとりが心地よく生活するためにどうすればよいか子どもたち自身で考えられるようにしたい。

(2)「人と関わる力」とは？

　人と関わるには，人に関心をもって接しようとすること，自分の意見を伝えられること，相手の意見を聞き入れること，自分の気持ちをコントロールすること，他者を思いやること，社会のルールを守ることなどが必要となる。子どもたちは遊びの中で同じおもちゃを使って遊ぶことで他児に興味をもつ。おもちゃの取り合いになったときに「使いたい」という自分の気持ちを抑えて相手に譲ったり，順番で使うという集団生活のルールを身に付け守ったりする。泣いている子や困った子がいると助けたり，協力して何かをやり遂げたりして，相手の立場にたって物事を考えたり，自分の気持ちを調整したりする経験を重ねていく。

　このように，園でさまざまな人と関わり，多様な経験をすることで「人と関わる力」の基礎を培っていくのである。乳幼児期に培われた「人と関わる力」は，その後の人間関係の発達にも影響を及ぼす。

2. 人間関係を支えるもの

(1) 愛着 (アタッチメント)

　生まれたてのヒトの乳児は，首や腰が安定しておらず，自分で歩くことや食べることができないため，周囲の大人に世話してもらわなければ生きていけない。乳児は特定の大人 (養育者となる人物，たいていは親) との親密な関係の中で，その後の人生に必要な心身の基盤を確立するのである。

　愛着 (アタッチメント) とは，ある特定の人に対して形成される情緒的な絆のことである。[2] 事例2.1に10ヵ月で入所したA子の保育者とのアタッチメントの変化を示した。A子は4月初めて会う担当保育者に**人見知り**をし，アタッチメントを築いている母親と離れるのを嫌がっていたが，担当保育者にやさしく気持ちを受け止めてもらう経験を重ねることで，5月下旬には担当保育者と新たなアタッチメントを築き，保育者を**安全基地** (心の拠り所) としながら遊びを楽しんでいた。

事例2.1　保育者に受け止められて (0歳児)

　4月。10ヵ月で入所したA子は登園初日，「A子ちゃんおはよう」と担当保育者に声をかけられてもこわばった顔でイヤイヤと首を振り，母親にしがみつく。激しく泣いて母親を求めるA子に，担当保育者は「お母さん行っちゃってさびしいね。すぐむかえにきてくれるからね」と優しく声をかけながら抱っこしてなだめたり，A子や他児の好きな曲を流したりして安定して過ごせるようにしていた。

　5月下旬。登園したA子は担当保育者に「おはよう」と声をかけられるとニコッと笑いかけ，母親が仕事へ行った後もぐずることなく積み木をして遊ぶ。他児がぶつかり積み木が崩れると少しぐずり，担当保育者のもとへ行く。担当保育者に「ぶつかって崩れちゃったねぇ」とやさしく受け止められると，また積み木で遊び始める。

---

2) Bowlby, J. (1969) *Attachment and Loss. Vol.1 Attachment*, Hogarth Press. (= 1976, 黒田実郎・大羽蓁・岡田洋子訳『母子関係の理論①愛着行動』岩崎学術出版社)

このように，子どもはアタッチメントを築いた特定の大人（事例では保育者）を安全基地として活動を広げさまざまな人や事物と関わる。探索しているうちに何らかの困難に出遭い恐れや不安などネガティブな感情が生じた際には，その大人に受け止められることで気持ちを落ち着かせる。そして安心感を取り戻したうえで，また自律的に活動できるようになる。親から離れて過ごす場となる園では，子どもは保育者と新たなアタッチメントを築くことで，安心して過ごせるようになる。保育者は子どもにとって安心できる存在となるよう，子どもの気持ちに寄り添い，受容的・応答的に関わることを大切にしたい。

(2) 生涯にわたるアタッチメントの重要性

　愛着理論を提唱したイギリスの発達心理学者・精神分析学者のJ. ボウルビィ（John Bowlby）は，乳幼児期におけるアタッチメントは生涯にわたって重要だと主張した。安定したアタッチメントを築くことによって，乳児は**基本的信頼感**を獲得する。いつもあたたかく見守られ，困ったことがあったときに助けられる経験を通して「自分は他者から大切にされる価値のある存在なんだ」という自分への信頼感，「他者は何か困ったことがあったときに助けてくれる存在なんだ」という他者への信頼感をもつ。安定したアタッチメントが築けないと，自分のことを大切にできず自傷したり，他者のことを信じられずうまく関われなかったりするなど，主に対人関係に支障をきたしてしまう。このような不適切なアタッチメントの形成により対人関係にさまざまな問題が生じることを**愛着障害**という。ただし，愛着を築く相手は一人だけではない。養育者とのアタッチメントが不適切で不安定だったとしても，他の信頼できる大人と安定したアタッチメントを築くことで心の回復が見られることがわかっている[3]。

　このように，基本的信頼感はその後の生涯にわたる対人関係やパーソナリティに影響するため，乳幼児期におけるアタッチメントは極めて重要となる。

3. 自己や他者への理解

(1) 自我の芽生えと自己主張

　0～1歳児に鏡を見せると，よく鏡に手を伸ばしたり，鏡の後ろを見ようとしたりする。これは鏡に映った人物を自分ではなく他の誰かだと思っているためであるが，2歳頃には鏡に映った人物が自分だとわかり，自分の名前や居場所も理解できるようになる。このような**自我の芽生え**に加えて，運動機能や手指の巧緻性（器用さ）の発達に伴いさまざまなことが自分でできるようになるにつれて，この頃から「じぶんで！」「○○ちゃんが！」となんでも自分でやりたがるようになり，自分より幼い子のお世話をしたがることもある。[4) また事例2.2のように，他者に対して「イヤ！」と激しく**自己主張**する姿もよく見られる。

事例2.2　「イヤ！いかない！」（2歳児）

> 　11月。2歳児クラス内ではトイレットトレーニングを始めた子どももおり，9時までに1回はトイレに行くようにしていた。B先生は「C介くんおトイレ行こうね～」と声をかけるが，C介（2歳10ヵ月）は「イヤ！」と答え，ブロックで車を作って遊び続けている。B先生は「そっか，今遊んでいるもんね。じゃあまた後で行こうね」と声をかけ，他児を先に誘うことにした。しばらくして，B先生が「C介くんかっこいい車できた？もうすぐ牛乳の時間だからおトイレ行っとこうね」と再びトイレに誘うが，ブロック遊びに夢中になっているC介は「イヤ！いかない！」と拒む。

---

3) Nelson, C., Fox, N., & Zeanah, C. (2014) *Romania's Abandoned Children: Derivation, Brain Development, and the Struggle for Recovery*, Harvard University Press. (＝2018, 門脇陽子・森田由美訳『ルーマニアの遺棄された子どもたちの発達への影響と回復への取り組み　施設養育児への里親養育による早期介入研究（BEIP）からの警鐘』福村出版）

4) 北田沙也加（2018）「異年齢保育における幼児の乳児に対する養育的行動」『保育学研究』56，pp.187-198

C介はブロック遊びに夢中になっており，トイレに行く必要性もまだ理解していない。一方でB先生はトイレットトレーニングや全体の流れ，この後の予定などを考えC介にトイレに行くように促している。この頃の幼児はまだ他者の視点にたつことや自分の気持ちを我慢・調整することは難しいため，「イヤ！」「自分で！」と自分の主張を通そうとするのである。事例の下線部のように，保育者は子どもの気持ちをしっかりと受け止め理解することが大切である。この後，B先生が「トイレに行った後も遊べるように取っておこうか。どこに置いておく？」と提案したことで，C介はB先生と一緒に車を棚の上に置き，トイレに行くことができた。このように，子どもの気持ちを理解したうえでこちらの気持ちを伝えたり，どうしたらよいか一緒に考えたりして子どもが自己決定できるよう支えるのが望ましい。事例のような経験を通して，子どもは他者とは異なる自分の意識を強く持ったり，自他の考えの違いに気づいたりして，徐々に自分の気持ちをコントロールできるようになる。[5)]

(2) 他者の心の理解

　自我が芽生え自分を意識できると，自分とは異なる他者の存在に気づき始める。2歳頃になると友達と同じ場所で遊んだり，友達の持っているものややっていることに興味をもったりするようになる。しかし，子どもは自分の視点から物事を捉えがちで他者の視点に立つことが難しいため，意見や遊びのイメージがぶつかりいざこざに発展することがよくある。

事例2.3　「だれも使ってなかったから」(4歳児)

　9月。D代が女児数名と一緒に大型積み木でお城を作って遊んでいる。お城が完成するとD代たちは「パーティーにいきましょう！」と言ってテラスに遊びにいった。戸外遊びから戻ってきたE花は，ケーキ屋さんごっこをするためにその場にあったお城から大型積み木を取って新たなお家を作り始めた。

5) 自己主張や自己抑制については第6章の80ページ参照。

しばらくして戻ってきたD代たちはお城の積み木が使われているのを見て，「お城壊さないで！」とE花に怒る。E花は「だってだれも使ってなかったから」と言うがD代は「使ってた！」と言い，積み木を取り返そうとする。E花も「やめて！」と言い合いになる。

　保育者が声をかけ，互いの言い分聞く。保育者は「もともと積み木でお城を作っていたのはD代ちゃんたちなのね」とD代に確認し，続けて「でも，E花ちゃんがお外から戻ってきたときはお城にだれもいなかったから，E花ちゃんはD代ちゃんたちのお城だってわからなかったんだって。だからケーキ屋さんごっこで使おうと思ったのよね」とE花に確認すると，それぞれ頷く。「みんな積み木でお城とかケーキ屋さんとか作りたいみたい。どうする？」と保育者が尋ねると，E花が「E花もお城でパーティーしたい」と言う。その後，E花もD代たちの遊びに加わり，お城でケーキパーティーをする遊びに発展した。

　事例2.3のようないざこざを通して，子どもたちは自分の意見や考えが通らず自分の思った通りにいかないもどかしさや悔しさ，友達に自分の気持ちをわかってもらえない悲しさなどネガティブな感情を経験する。しかし，このような経験から，ネガティブな気持ちを立て直すために自分の気持ちを調整する力をつけ，自分だけでなく相手にも感情や異なる考えがあることがわかり，次第に相手を思いやったり，互いの立場を考えながら一緒に解決策を見つけたりすることができるようになる。保育者は，事例の下線部のように互いの思いを汲み取り共感・代弁するなど，子どもが互いの異なる気持ちに気づき，受け入れられるよう援助していきたい。遊びや集団生活の中でこのような経験を積み重ねることにより，4〜5歳頃から「他者は自分とは異なる考え（信念）をもつ」ということがわかるようになり，「心の理論」への理解が進む。そして徐々に相手の立場にたって共感したり慰めたり，自分の欲求を我慢して譲ったりなど，社会的な行動ができるようになる。

4. 遊びの中の人間関係

(1) 遊びの発達

　人間関係は身近な大人との関わりを基盤に，3歳頃から友達同士の関係が活発になっていく。M. B. パーテン（Mildred B. Parten）は，仲間との社会的相互作用の観点から遊びを表2.1のように分類し，2〜4歳にかけてこれらの遊びがどのように変化するか観察した。[6] 子ども同士の遊びは一人で遊ぶひとり遊びから，友達に興味をもつ傍観遊び，友達と空間を共有する並行遊び，友達と関わりをもつ連合遊び，友達と共通のイメージや目的のもと役割分担をする**協同遊び**へと発達していく。

　図2.1に示すように，3歳頃から友達とやりとりする連合遊びや協同遊びが増える。子どもの社会性の発達や遊びの興味関心は個人差が大きいため，必ず

表2.1　遊びの分類

遊び	内容
ひとり遊び	他児と話せる距離にいるが，一緒に遊ぼうとせずに一人で他児とは違う遊びをしている状態。2歳半頃多くみられる。
傍観者的行動	他児の遊びを眺め，話しかけたりするが，遊びに参加していない状態。2歳半〜3歳に多くみられる。
並行遊び	他児と近くで同じ遊びをしていても，それぞれ自分の遊びに夢中で互いに関心・交流をもたない状態。
連合遊び	他児と一緒に遊んでいるが，遊びの中ではっきりとした役割分担や共通のルールはみられない状態。4〜5歳に多くみられる。
協同遊び	他児と一緒に遊び，何をやり遂げるかの目的やイメージが明確で共有されており，集団の中での役割分担やルールがみられる状態。4〜5歳になると急激に多くなる。

（出所）Parten，[6] 宮本・星野[7]を参考に作成。

---

6) Parten, M.B. (1932) Social participation among pre-school children, *Journal of Abnormal and Social Psychology*, 27, 243-269.
7) 宮本智美・星野美穂子 (2012)「遊びの発達」福沢周亮監修『保育の心理学—子どもの心身の発達と保育実践』教育出版，pp.55-61

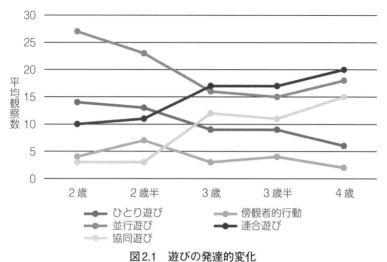

図2.1　遊びの発達的変化

(出所) Parten, p.260[6]を一部改変，宮本・星野，p.60[7]を参照。

しも順番に規則的に表れるものではない。なお，パーテンは一人遊びを低い発達水準の遊びとみなしたが，必ずしもそうとは言いきれない。レゴなどの細かいブロックやパズル，制作などの複雑な構成遊びは，年長児になっても一人で黙々と夢中になって遊ぶ姿が日常的によく見られる。このような遊びは集中力や諦めずに物事に取り組む粘り強さ，自分の思い描いたイメージを実現させる想像力や思考力，手指の巧緻性や創造性を育むことになる。ひとり遊びにはひとり遊びならではの楽しさや機能がある。ひとり遊びでも集団遊びでも，各々の子どもが「夢中になって遊ぶ」ことが重要となる。

(2) 見立て遊びとごっこ遊び

　子どもたちは周囲の大人の行動を真似しながら生活習慣を身に付けていくが（例：挨拶や正しい言葉遣いなどを真似して覚えていく），2歳頃から日常生活で見たこと・聞いたことを思い出し，遊びの中で再現するようになる。例えば，カップに砂を入れて「プリン」に見立てたり，ぬいぐるみをトントンして保育者が寝かしつける真似をしたりする。このように，具体的な物の代わりに別の物を

用いる「見立て遊び」や，まねをして再現する「ふり遊び（ごっこ遊び）」など，イメージを伴う遊びを楽しむようになる。一人だけでなく2~3人のグループで役になりきるごっこ遊びをする姿も見られ，イメージの共有や明確な役割分担はなされていないが，子どもたちは遊びの中で関わりを深めていく。保育者は子どもたちのモデルとなることを意識し，日頃から言葉遣いや姿勢に気を配っておきたい。また，子どもたちが豊かなイメージを発揮して遊びを楽しめるように生活環境を整えること，時には子どもたちの想像の世界に入りながら会話を交わし，子どもの遊びやイメージに寄り添うことが大切である。

(3) 協同的な遊び

　年長になるにつれて，共通の目的やイメージをもって友達と役割分担をしたりルールを作ったりして協力して遊ぶ協同遊びを楽しむようになる。事例2.4では「みんなでサッカーを楽しむ」という目的のもと集まって遊んでいる男児の姿を示した。

事例2.4　「強い人が分かれてよ」(4歳児)[8)]

　　3月。11月頃から男児数名は毎日サッカーをして遊んでいる。この日は6人の男児が広場に集まり，F也が「分かれよー，分かれよー。おれとG太が色チームね」と皆に言っている。各々が色帽子，白帽子に変えながら3人対3人になる（F也・G太・H男 対 I輔・J哉・K斗）。
　　するとI輔が「えー強い人が分かれてよ」と言う。担任が「強い人ってだれ」と聞くと，G太が「はーい，ぼく。H男も強い」と名乗りを上げる。
　　担任が「えっG太とH男が強いの。この2人が分かれた方がいいってこと」と確認すると，I輔が「そう」と言う。G太が「わかった，グーパーしよう」とみんなに言う。するとH男がなにやらG太に耳打ちをする。G太が「そういうのはいけないんだよ」と言うと，F也も「そうだよ」と言う。耳打ちを

8）千葉大学教育学部附属幼稚園（2018）『平成30年度研究紀要　遊びの物語を読み取る保育者～対話的な学びから育ちを捉える（2年次）～』p.70

したH男はばつの悪そうな顔をし，何も言わずにいる。
　子どもたちは6人でグーパーをして3人ずつ分かれた。

　事例2.4の子どもたちは11月からずっとサッカーを楽しんできたが，これま
でなんとなく一緒になりたい人とチームを組んできた。メンバー内で誰が強い
か，どちらかのチームが強すぎるとすぐ勝敗が決まってつまらないことを知っ
ているため，今回I輔は「強い人が分かれて」という提案したのである。H男
の意図はわからないが，おそらくG太にこっそり「グーにしよう」などと耳打
ちしたのだろう。しかし，そのようなことはよくないと友達から指摘され，6
名そろって公正なチーム分けをすることができた。
　また，子どもたちは遊びの中でルールやきまりの必要性に気づいて守ろうと
している。このような経験を通して，集団生活や社会における道徳性・規範意
識を身に付けるのである。このような集団遊びでは，子どもとともにルールを
作り，子どもたちが集団の中で積極的に参加できるようにしたい。5歳児にな
ると，「上手にできた（できなかった）」など評価を気にする子どもも出てくる
ため，子ども一人ひとりが達成感をもてるように配慮することも大切である。

(4) 異年齢での遊び

　園で過ごしていると同年齢の子どもだけでなく，年下や年上など異年齢の子
どもとも関わることがある。異年齢での遊びを通して，年下児は年上児に憧れ
をもってさまざまな遊びへの意欲が高まったり，遊びの幅が広がったりする一
方，年上児は思いやりの気持ちをもったり，自分の成長を感じ自信をつけたり
する。異年齢での遊びでは，発達段階が異なるそれぞれの子どもの育ちを保障
し，子どもたちが楽しく遊べるように，同じ活動の難易度に幅をもたせるなど
工夫する必要がある。

［北田沙也加］

✐ 課題

・自分がこれまでどのような人と関わってきたか思い出してまとめてみよう。
・幼稚園や保育園，認定こども園などで乳幼児が誰とどのように関わって遊んでいるか観察してみよう。

📖 推薦図書

【書籍】無藤隆・古賀松香 (2016) 『社会情動的スキルを育む「保育内容人間関係」』北大路書房
【マンガ】雨隠ギド『甘々と稲妻』全12巻　講談社

参考文献

遠藤利彦・佐久間路子・徳田治子・野田淳子 (2011) 『乳幼児のこころ　子育ち・子育ての発達心理学』有斐閣アルマ
無藤隆・汐見稔幸・砂上史子 (2017) 『ここがポイント！3法令ガイドブック』フレーベル館

第3章
子どもと環境

　保育における**領域「環境」**（以下，「環境」）の基本は，子どもが身近な環境に親しみをもって関わり，それらを自分の生活や遊びに取り入れて楽しみ，感動し，探求することを通して，さまざまな感覚を豊かにし，幼児期に育みたい資質と能力を身に付けることにある。

1. 領域「環境」と保育

(1) 領域「環境」のねらい

　幼稚園教育要領等の領域「環境」は，「周囲の様々な環境に好奇心や探求心をもって関わり，それらを生活に取り入れていこうとする力を養う」と示されている。ここでの周囲の様々な環境とは，園内外で関わる人や，もの，**自然**，**地域社会**等の，子どもが直接見たり，聞いたり，触れたりすることができるものである。これらのような環境に子どもが関わることを通して培われていく**資質・能力**は，幼稚園教育要領の「環境」の「ねらい」に示されている。以下では，この「ねらい」についてひとつずつ丁寧に見ていく。

ねらい1：身近な環境に親しみ，自然と触れ合う中で様々な事象に興味や関心をもつ。

　子どもは園内外での生活を通して身近な環境に興味をもち，親しみをもって自ら関わるようになる。水たまりに氷が張っている不思議さや，タケノコが竹に成長する速度の驚き等を経験することにより，子どもは心を動かされる。氷の上に乗って氷を割ったり，タケノコと背比べをしたりして自然に直接触れる

ことで，子どもは身近な環境に親しみをもち，自ら関わるようになる。

ねらい2：身近な環境に自分から関わり，発見を楽しんだり，考えたりし，それを生活に取り入れようとする。

　子どもは身近な環境に興味や関心をもって関わる中で，新しい発見をしたり，どうすれば面白くなるか考えたりするようになる。秋になり落ち葉が落ちている道を歩くと，足元からカサッ，パリッという音が聞こえてくることがある。子どもは落ち葉を踏んで歩くことに夢中になるだけでなく，落ち葉を保育室に持ち帰り，動物に見立てて画用紙に貼ったり，落ち葉やドングリを紙皿の上に飾ってケーキをつくったりすることもある。このように子どもが身近な環境に触れる過程で落ち葉に親しみをもち，生活に取り入れることで，子どもの身近な環境にある落ち葉は，子どもにとって新しい意味のあるものへと広がりを見せる。

ねらい3：身近な事象を見たり，考えたり，扱ったりする中で，物の性質や数量，文字などに対する感覚を豊かにする。

　子どもは身近な環境に触れる過程で，物の性質や数量，文字等への関わりをもつようになる。お店屋さんごっこをする中で毛糸や画用紙で作ったお菓子のやり取りを友達としたり，看板に店名を書いたりすることがある。このように子どもは，生活の中で見たり聞いたりしてきた場面を真似たり，遊びをより面白いものにしようと工夫したりして主体的に取り組む。物の性質や数量，文字等を知識として知るのではなく，遊びや生活を通してそれぞれの働きを知り，理解していくことが大切である。

(2) 子どもの育ちや発達を支える教育・保育現場における「環境」

　自然との触れ合いを例に挙げると，都市部だから自然と関われないとも限らない。都市部でも身近に自然豊かな公園があったり，園庭に自由に草花や虫と触れ合えるビオトープがあったりすれば，子どもは身近な自然と自由に関わる

ことができる。一方で，園の周囲が自然に囲まれていても，車移動で通園途中に自然と触れ合えなかったり，室内でばかり過ごしていたりするのであれば，子どもは身近な自然と関わることができない。教育・保育場面において，いかに子どもが自然と触れ合えるかどうかは，保育者の環境への理解に関わっているのである。

　U.ブロンフェンブレナー（Urie Bronfenbrenner）はそれまで「人」に集中していた発達の研究について「人とシステムの複雑な相互作用」で考えることを提案し，子どもを取り巻く環境をマイクロシステム，メゾシステム，エクソシステム，マクロシステムの4つの生態学的システム理論（ecological systems

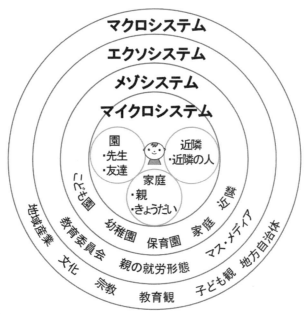

図3.1　ブロンフェンブレナーの生態学的システム理論
（出所）Bronfenbrenner（1976＝1996[1]）より作成。

---

1) Urie Bronfenbrenner（1979）*The Ecology of Human Development : Experiments by Nature and Design*, Harvard University Press.（=1996，磯貝芳郎・福富護訳『人間発達の生態学—発達心理学への挑戦』川島書店）

theory) として包括的に捉えた[1] (図3.1)。マイクロシステム，メゾシステム，エクソシステム，マクロシステムと順に大きなシステムとなる。以下に子どもにとっての4つのシステムの内容と関係を示す。

マイクロシステム：親やきょうだい，先生や友達，近隣の人等，子どもの行動場面における活動，役割，対人関係で直接的なもの。

メゾシステム：家庭，幼稚園，保育所，認定こども園，近隣等，子どもが直接参加するもの。

エクソシステム：親の就労形態，教育委員会，地方自治体，マス・メディア，地域産業等，子どもは直接参加していないが，子どもが直接参加する家庭や幼稚園，保育所，認定こども園等の行動場面に影響を及ぼしたり，つながりがあったりするもの。

マクロシステム：子ども観，教育観，宗教，文化等，常に子どもの周りに存在する信念やイデオロギー。

2. 人的環境—友達や保育者との関わり—

(1) 子どもと保育者の関わり

　子どもは保育者の言葉や動きを真似ようとすることから，園生活における保育者の存在は子どもにとって大きな環境となる。保育者の子どもへの関わり一つとっても，子どもの育ちは大きく異なることになる。例えば子どもがダンゴムシを見つけた際に，保育者が「ダンゴムシの特徴はね……」等と子どもに知識を教えることは簡単である。子どもも教えてもらうことで，調べる手間が省ける。しかし，それで良いだろうか。時にグッと我慢をして子どもを見守り，待つことは傍観や放任と異なる確かな**保育者の専門性**である。子どもがダンゴムシを見たり，触って感じたりして五感を働かせることで，「ダンゴムシは何を食べるんだろう」「ダンゴムシの背中の色が違うのはなんでだろう」等と不思議に思う心を育てることが可能となる。保育者は子どもの中に小さく芽生え

たこの不思議に思う心を尊重し，一緒に図鑑でダンゴムシについて調べたり，保育室で飼えるように飼育容器を用意したりすることで，子どもの興味・関心を育んでいくことができる。このように保育者の「見守る」「待つ」という行為は，行動不在の消極的行為でも，専門性の欠如でもなく，高度な専門性を伴うアプローチである。[2) 子どもが自分で考えて行動をしたり，問題解決をしたりするために，保育者は意図的に子どもへの介入を抑制することも時には必要になるのである。

(2) 子ども同士の関わり

　家庭とは異なり，園では同年代の子ども同士で集団生活を送ることとなる。集団の中で子どもは互いに刺激し合いながら成長をしていく。泥団子を作っていると，「こっちのさらさらの砂をかけると割れにくくなるよ」「あっちの砂をかけて磨いたら，ツヤツヤになったよ」等と，より壊れない泥団子を作るために工夫をしようとする姿が見られる。子どもは身近な環境に興味をもち，好奇心をもって関わる過程で，他の子どもの言葉や行動にも触れる。子ども同士が互いに刺激し合うことにより，遊びがより深く面白いものになる。自分で考え，やってみようという心を大事にすることで，子どもはより主体的に行動することができるようになる。

3. 物的環境—身近なものとの関わり—

(1) 屋内環境

　保育室は園の中で毎日遊んだり，食べたりする時に主に過ごす遊びの場であり，生活の場でもある。安定した環境のもと子どもがのびやかに過ごすことができるよう，保育者は保育室内の**環境構成**に配慮することが求められる。保育

---

2) 中坪史典（2018）「『見守る』ことで子どもの自立的問題解決を支える保育者の専門性」中坪史典編著『テーマでみる保育実践の中にある保育者の専門性へのアプローチ』ミネルヴァ書房，pp.154-163

所における身体を動かして遊ぶ大きい動きの発現率は，1歳児は69.6%，2歳児は61.2%，3歳児は51.5%，4歳児は43.9%，5歳児は41.6%である[3]。これらのことから，子どもは月齢が高くなるほど，身体を動かして遊ぶ大きい動きよりも，ままごとやブロック，パズル等座って遊ぶ割合が高くなる。保育者は子どもの発達や安全を考慮したうえで，子どもの動線を考えてロッカー等の家具を配置したり，遊びの空間を構成したりすることが求められる。

(2) 屋外環境

　園庭において子どもは思い切り体を動かしたり，ブランコ等の固定遊具で遊んだり，砂場で砂や水に触れたりして過ごしている。園庭で水や砂，土で遊ぶ子どもを観察すると，水はホースや樋，ペットボトル等を用いた「流す」「溜める」「つなげる」といった遊びが多く見られ，砂や土は水と併用したり，プラスチックや金属製等のさまざまな道具や多様な形態の容器，削ったり塗ったりできる道具等を用いたりした「入れる」「溜める」「混ぜる」といった遊びが多く見られた[4]。このように子どもが身近な環境を通して多様な表現を通して遊ぶことができるように，保育者は子どもが遊びを深められるよう配慮する必要がある。

　保育所に関しては，近隣の公園等を園庭とすることも可能であることから，敷地内に園庭がない場合もある。園庭がない場合，屋外環境に触れる手段として散歩が挙げられる。散歩とは日常の保育の中で園周辺に出かけて，季節，天

3) 東間掬子（2017）『乳幼児がぐんぐん伸びる幼稚園・保育園の遊び環境25の原則』黎明書房

4) 石倉卓子（2012）「幼児の育ちに必要な園庭環境の検討―表現行為を可能にする自然材と道具の関係性」『保育学研究』50（3），pp.252-262

5) 太幡英亮・古川智之・恒川和久・生田京子・谷口元（2013）「保育園児の散歩行動と街路環境の関係―名古屋市認可保育所での散歩行動観察を通じて」『日本建築学会計画系論文集』78（689），pp.1533-1542

6) 松橋圭子・三輪律江・田中稲子・谷口新・大原一興・藤岡泰寛（2010）「保育施設における屋外環境と園外活動の実態からみた地域資源のあり方に関する研究―横浜市を対象としたアンケート調査より」『日本建築学会計画系論文集』75（651），pp.1017-1024

表3.1　子どもの発達を促す散歩

散歩で子どもが経験できること	具体例
社会生活との関わりを通して,社会とのつながりを意識する	近隣店舗や施設の人と交流する・地域環境を知る
自然の美しさや不思議に気づく	樹木や草花に関わる・季節の変化に気づく・雨の中歩く
体を動かす気持ちよさを感じる	固定遊具で遊ぶ・身体を動かす・傾斜で過ごす
友達との関わりの中で協同性を育む	集団で歩く練習をする・友達との相互理解が深まる
外で過ごす気持ちよさを感じる	気分転換をする・弁当を持参する
周囲の環境に積極的に関わることにより思考力を豊かにする	散歩の計画を立てる・新しい発見や気づきを得る

(出所) 山田他 (2019)「園外活動における子どもの発達を促す地域環境：散歩を通した子どもの育ち」『植草学園大学研究紀要』11, p.56より作成。

気, 自然, 文化, 近隣施設等の身近な地域社会である環境に触れる活動のことである。保育所の99%は散歩をしており, 80%は1週間に1回以上散歩をしている[5]。また, 園庭がないと散歩の頻度は高くなることが報告されている[6]。散歩の目的は公園や児童館等の目的地での活動だけでなく, 時間をかけて経由地や経路そのものを楽しむことに重点を置く活動もある[7]。さらに, 表3.1に示すように, 近隣の公園等へ散歩に行くことで, 子どもは屋外で体を動かしたり, 自然を感じたりするだけでなく, 近隣店舗の人と挨拶をしたり, 工事現場で特殊車両を見たりする等の経験をすることもできる[8]。

(3) 数量・図形

保育場面では日常的に数量や図形に触れる活動が展開されている。製作をし

7) 小池孝子・定行まり子 (2008)「都市部における保育施設の屋外保育環境について：東京都区部における複合型保育所の施設環境に関する研究 その2」『日本建築学会計画系論文集』73 (628), pp.1197-1204
8) 山田千愛・實川慎子・髙木夏奈子・栗原ひとみ・髙野良子・小池和子 (2019)「園外活動における子どもの発達を促す地域環境：散歩を通した子どもの育ち」『植草学園大学研究紀要』11 (0), pp.53-63

たり出欠を確認したりする時は数量に関わることが多く，さらに保育者は「長い針が11になったら片付けようね」と片付けの時間を示したり，「おおきなくりの木の下で」や「5つのメロンパン」のように数量・図形に関連する歌をうたったりしている。

　子どもはお店屋さんごっこで「100円です」と画用紙で作ったお金のやり取りをしたり，おやつのおせんべいを見たりして，「ネコさんみたい」「ヘビさんになった」とイメージして食べながら楽しむことがある。また，最初はただ組み合わせることだけが楽しいブロックも，何度も挑戦することでイメージしたものを作ることができるようになる。友達のブロックの車を魅力に感じて，自分でも見様見真似でブロックを組み合わせて車を作ろうとするが，うまくできずに「先生やって」と保育者を頼るかもしれない。保育者が作るのは簡単だが，それで子どもは何を得られるのだろうか。「こうやってごらん」と助言をしつつ，子どもが自分で工夫をして車を作り上げることで，形や色の組み合わせでさまざまな形を構成することができることに楽しさを感じる。これらのように子どもは日々の生活や遊びの中で，数量や図形に親しみを感じながら関わっているのである。

(4) 文字・標識

　子どもの身の回りには文字や標識があふれている。例えばロッカーや靴箱等には子どもの名前と目印であるマークが示されている。これらを日々使う中で，ふと絵本の中で同じ文字を見つける。「同じ！」と驚き，さらに文字への関心が高まっていく。また，文字はわからなくとも，自分のマークを目印にして，帽子やタオル等の持ち物を管理することができる。このように子どもは自分の名前やマークから，その意味や機能を理解することができる。

　園内では保育者の環境構成が重要となる。七夕のお願い事を文字で表現した

---

9) 榊原知美（2014）「5歳児の数量理解に対する保育者の援助：幼稚園での自然観察にもとづく検討」『保育学研究』52 (1)．pp.19-30

り，友達に手紙を書いたりする等の経験を通して，子どもは生活の中で自然と文字に触れ，文字への関心が高まることとなる。園外では，散歩や遠足で信号を見て横断歩道を渡る等により，標識がもつ意味を理解する。また，子どもは社会のルールを知り，規範意識をもつことにより，道徳性の芽生えにもつながる。

(5) 物の性質と仕組み

子どもはさまざまな遊具や道具に囲まれて生活し，手に取ることでその性質や仕組みに興味を深め，自分なりに遊びに取り入れるようになる。初めてハサミを手にした子どもは，どのように扱ってよいのかわからず，保育者に手を添えてもらいながら細い紙を一回パチンと切るのが精一杯である。何度もハサミで紙を切る経験を繰り返していくうちに，作りたいものをイメージしたり，細部までこだわってハサミで紙を切ったりすることが可能となる。このように子どもは身の回りのものに興味をもって繰り返し関わることで，物の性質や仕組みに気づき，自分なりに使いこなせるようになるのである。

子どもがさまざまなものの性質や仕組みに関われるよう，保育者は子どもの安全に十分配慮しながらも，子どもが自らものに関わることができるような環境を構成することが求められる。保育者はつい子どもに関わろうとする。しかし，時には子どもに手を貸したり，声をかけたりすることを抑え，子どもが自分で触れ，感じ，観察して，たくさんの気づきを通して成長できるようにそばで温かく見守ることも保育者の専門性には必要である。

4．自然環境―季節の変化と生物や植物との関わり―

(1) 自然の事象への関心

空調が管理され安全に配慮された室内で過ごすだけでは，自然の事象を経験することができない。舞い落ちる桜に手を伸ばしたり，汗をかきながらトマトを収穫したり，ドングリやマツボックリを集めたり，ハーっと白い息を出したり，子どもが日々の生活の中で季節の変化を感じる経験を大切にしていきたい。

育てていたトマトが赤く色づいたり，吐く息が白くなったりすると，子どもは驚いたり，不思議に思ったりする。このような実際の経験を通して子どもの感性を育てることで，子どもはより周囲のさまざまな事柄に興味をもち，「知りたい」「やってみたい」と自発的に思えるようになる。

　自然の事象に対する関心は，小学校就学後の生活科等の科目とつながっている。子どもの自然に対する気づきを深める視点として以下の4点が挙げられる[10]。①自然物の設置場所の配置，展示方法等の工夫，草花や木の実の収集による観察と遊びの展開，食べられる木の実や野菜の栽培活動，園外保育，子ども向けの科学絵本等を通して子どもが自然に対して興味・関心をもてるようにすること，②保育者は子どもの知識面だけでなく，感情面にも働きかけること，③動植物の飼育栽培活動，④飼育していた生き物の死等の不快な感情を伴うことは子どもの生命感を培うことになる，である。子どもの自然の事象への関心を促すためには，日頃から保育者自身が周囲のさまざまな自然の事象に意識して目を向けようとすることが大切である。

(2) 生物や植物との関わり

　子どもは身近な生物や植物に触れ合い，世話や経験を通して，生物や植物に親しみをもって接するようになったり，大切にしようとする気持ちが育まれたりする。子どもの身近な環境において命に接することのできる生物の一つに虫が挙げられる。87%の保育者はカブトムシ，チョウ，カタツムリ，クワガタ，カマキリ，スズムシ，ダンゴムシ，アリ等をクラスで飼育している[11]。保育者がクラスの中で虫を飼育することにより，子どもはより虫を身近に感じることができるようになる。

　子どもがバッタを捕まえて見せにきた時に，保育者が嫌がるそぶりを見せる

---

10) 亀山秀郎（2011）「生活科に繋がる幼児の自然との関わりにおける気付きの検討―KJ法を用いた年長組担任教員の記録から」『乳幼児教育学研究』20，pp.95-106

11) 山下久美・首藤敏元（2004）「幼児への動物教材（ムシ類）の提供についての研究」『埼玉大学教育学部附属教育実践総合センター紀要』(3)，pp.149-157

のか，それとも受け止めるのかで，その後の子どもの身近な生物への興味・関心といった子どもの育ちは大きく異なるだろう。保育者は日頃から身近な環境である生物や植物に興味・関心をもち，目の前の子どもにどのような経験が必要なのか，よく考えておく必要がある。また，保育者は子どもと一緒に身近な生物や植物を観察したり，図鑑等で調べてみたりする等して，子どもと一緒に面白さや不思議さを感じることも大切な経験である。身近な生物や植物に対する知識をもつことにより，保育者は子どもの知的好奇心を刺激できるような言葉をかけたり，疑問を投げかけたりすることが可能となる。

5. 社会環境—身近な地域社会との関わり—

(1) 園生活における季節の行事

　園では季節の変化や節目に応じ，1年を通してさまざまな行事が行われている。子どもは各行事に参加する過程で，文化的な習慣や節目に応じてさまざまな経験をすることができる。入園式や卒園式のように園生活の節目として行われる行事，遠足や運動会のように子どもの遊びや生活の経験を豊かにしたり披露したりする行事，餅つき会やひな祭り会のように季節や伝統を踏まえた行事，避難訓練のように法令等に定められている行事等さまざまなものがある。保育者はそれぞれの行事の意味や必要性を理解したうえで，計画を立てることが求められる。

(2) 地域社会や地域の人との関わり

　日々の生活の中で身近な地域社会の文化や伝統に触れることで，生活体験を豊かにしていくことができる。近隣の人に挨拶をしたり，庭や飼っている動物を見せてもらう等近隣社会との交流がある保育所は86.1%であり，地域の親子

12）小野壽美・伊志嶺美津子・櫃田紋子（2004）「家庭型保育における地域交流に関する調査」『横浜女子短期大学研究紀要』19，pp.55-67

と遊んだり，子育てについて話したりする等の地域の親子との交流がある園も83.2%にのぼる。[12] このように子どもは地域環境や地域の人と触れ合うことにより，地域の人に見守られている安心感や，自分の暮らす地域に親しみを感じることができる。また，地域の夏祭りに園として参加したり，園で行う餅つきに地域の人に協力してもらったりして，さまざまな人と触れ合う経験をすることが可能となるのである。

[山田千愛]

✏️ **課題**

・子どもは幼稚園や保育園，認定こども園等の保育室や園庭でどのように過ごしているのだろうか。また，保育者はどのような工夫をしているのだろうか。インターネットや本を見て，調べてみよう。
・子どもが生物や自然と触れ合うために，どのような遊びや活動を提案しますか？　また，安全に配慮するためにはどうしたらよいでしょうか。グループで話し合ってみよう。

📖 **推薦図書**

【書籍】高山静子（2017）『学びを支える保育環境づくり：幼稚園・保育園・認定こども園の環境構成』小学館
【書籍】レイチェル・L. カーソン著，上遠恵子訳（1996）『センス・オブ・ワンダー』新潮社

第4章
子どもと言葉

　私たちの毎日は頭の中で言葉を使って考え，さまざまな情報を言葉を使って読み書きし，言葉を聞いて，言葉で話して生きている。言葉は，一度修得してしまうと，まるで，あたかも産まれた時から言葉を使って生きていたかのように錯覚しがちである。しかし，私たちは誰もみな，言葉を話せない状態で生まれてきた。

　ここであらためて，言葉について考えていこう。言葉にはどのようなはたらきがあるのだろうか。大きく3つ，①コミュニケーションのはたらき，②行動調整のはたらき，③思考の道具のはたらき，があると言われている。

　このような3つの言葉のはたらきを，生まれたばかりの乳児はどのようにして学んでいくのであろうか。子どもの言葉の発達をふまえながら，保育者として，子どもたちに領域「言葉」をどのように指導していくのかを考えていきたい。

1. 領域「言葉」と保育

(1) 領域「言葉」のねらい

　幼稚園教育要領等に領域「言葉」のねらいは以下のように記されている。

ねらい1：自分の気持ちを言葉で表現する楽しさを味わう。

　自分の気持ちを言葉で表せられるようになるためには，周囲の大人によって，自分の気持ちを言葉で表現してもらう体験が必要である。そのためには，言葉の前に伝えたい自分の気持ち（＝心）が有ることが重要である。自分の気持ちを伝える心地良いコミュニケーションが楽しい。楽しいと感じられるためには，

視覚・聴覚・触覚・味覚・嗅覚といった五感が適切に機能していることが必要である。脳のしくみでみてみると，大脳が言葉をつかさどり，大脳の奥にある大脳辺縁体が心をつかさどり，そのまた奥にある脳幹が身体をつかさどっている。言葉の前に心あり，心の前に身体あり，なのである。

ねらい2：人の言葉や話などをよく聞き，自分の経験したことや考えたことを話し，
**　　　　　伝え合う喜びを味わう。**

　子どもが自分なりの表現で気持ちを表した時に，周囲の大人がうなずいたり，微笑んだり，その気持ちを受け止めることが重要である。自分の気持ちを周囲の大人にわかってもらえると，子どもはうれしくなり，もっと伝えたくなる。あなたは，どのような相手ならもっと話を聞きたくなるだろうか。保育者として子どもに話を聞いてもらうためには，同じように，それ以上に，子どもの話に耳を傾けることが大切になってくる。子どもは，自分の話を聞いてくれる相手に，自分が経験したことや考えたことを話したくなり，わかってもらえた喜びが伝え合う活動を導いていく。

ねらい3：日常生活に必要な言葉が分かるようになるとともに，絵本や物語など
**　　　　　に親しみ，言葉に対する感覚を豊かにし，先生や友達と心を通わせる。**

　絵本や物語に親しむことで，言葉の楽しさや表現の面白さ・美しさに出会うことができる。実際には体験できないことでも，絵本や物語で想像上の世界や未知の世界に出会い，さまざまな思いを体験することが重要である。さまざまに心が動く体験を先生や友達と一緒にすることで，言葉の世界はさらに広がっていくことになる。[2]

(2) 領域「言葉」をどのように理解すればよいのか

　言葉は保育者が教え込むものではない。たとえつたない言葉であったとして

---

2) 文部科学省「幼稚園教育要領解説（平成30年）」

も，子ども自らが，自分なりに伝えたい，表現したい，と思うことが重要である。自ら表現したい意欲を尊重し，育むことが，その後に続く言葉の発達に大きく影響するからである。

つまり，経験したことや考えたこと，つまり，子ども自身の体験から，内面をくぐって発せられる言葉を育てることが重要である。これは，自分の思いを，どのような言葉で表現するのかという生涯にわたる課題と向き合うことを意味している。形式的な言葉ではなく，真摯な自己を語る言葉が，子どもの心を育てていく。

この真摯に自己を語る言葉を聞いてもらう体験が次第に相手の話す言葉を聞く意欲や態度を養うことにつながっていく。この人に伝えたいという願いをもち，この人が何を言いたいのかを知りたいという願いをもつ。伝わった喜びがあり，相手をわかることができた喜びがある。このような双方の伝え合う喜びが言葉を育んでいく。

言葉に対する感覚や表現する力は，乳幼児期の生活にふさわしい安心感に満ちた環境にいなければ育むことが難しい。安心感があり，心動くできごとがあり，伝えたい人がいて，ゆったりと人に伝える楽しさ，共感し合う心地良さを味わうことができることが重要なのである。

2. 言葉の前の言葉

言葉を発する前の赤ちゃん時の様子を追ってみていこう。ちなみに新生児とは生まれてから生後4週までの乳児のことである。**乳児**とは生後1年までの子どものことをいう。

(1) 泣き声は赤ちゃんの言葉
①産声

新生児は出生と同時に呼気を吸い込み，肺呼吸を反射的に始める。これが産声である。誕生の第一声のことである。

②泣き声 (不快時の 叫 喚)

　空腹時の泣きで養育者が授乳行動で応えたり，排泄などの不快な状態を表す泣きで養育者がオムツ交換をし，快的な状態へ整えたりする。

　泣き声を通して親・養育者が生理的な要求に的確に応えたり，言葉をかけることが，安心感や対話的なやり取りの素地につながっていく。

③クーイング

　生後2か月頃になると「クー」「アー」等，喉の奥からクーイングと言われる母音を主とする発声が聞かれるようになる。クーイングは叫喚の範疇である。鳩が出す音に似ている。

④喃語

　生後3・4か月頃になると「バブバブ」「アウアー」等の喃語が聞かれるようになる。大人とやり取りしている等，比較的機嫌がよい時に発している。情緒的に結び付きのある相手を意識した発生であり，この点において，いよいよ言葉の始まりであると考えられる。

(2) コミュニケーションの成り立ち

① 共 鳴動作

　新生児の機嫌がよい時に，親が乳児と目を合わせてゆっくりと口を開閉したり，舌を出し入れすると，新生児は大人のリズムに合わせるように，口を開閉したり舌を出し入れする姿が見られることをいう。

　新生児は自分の口や舌がどこにあるかは，まだわからないにもかかわらず，同じような動作をすることができる。子どもは人とかかわるコミュニケーション能力をすでにもって生まれてくるのである。

②相互同期性

　生まれたばかりの乳児が，大人の「言葉」や「間」に合わせて，それによく

同調したリズムで，身体を動かし応答する姿をいう。単なる音の連続などには，そのような応答は見られない。

③身振り・手振り等

　乳児はたとえ言葉を使うことができなくても，泣き，笑い，表情，動作，身振り，手振り等の非言語（ノンバーバル）を用いて相互のやり取りにはたらきかけているといえる。

(3) 二項関係から三項関係へ
①二項関係

　二項関係とは項目が2つの相対する関係である。この関係で乳児は大人との1対1の基本的人間関係を築き，信頼関係を結んでいく（図4.1）。またモノ・できごとの関係であれば，乳児はモノに突き進んでいく関係であり，できごとであれば，乳児はそのできごとに執着している状態である（図4.2）。

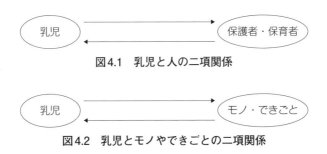

図4.1　乳児と人の二項関係

図4.2　乳児とモノやできごとの二項関係

②三項関係

　三項関係とは項目が3つであり，乳児と親・保育者がモノやできごとを共有し合う関係である。二項関係のように，乳児はモノに突き進まずに，モノを指さしながらその場にとどまり，視線は親・保育者と合わせることで伝えようとする。伝え合う喜びがここにはある。

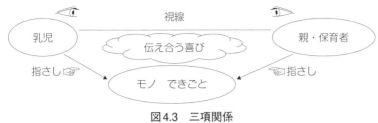
図4.3　三項関係

(4) 指さしが意味する言葉
①言葉が出る直前の言葉
　一般に子どもたちは言葉が出る直前に指さし行為をさかんにするようになる。指さしは，身体につながった指先を離れ，その先にあるモノやできごとをより意識した行為であるといえる。乳児はそれまで直接身体に触れるモノなど，身体感覚を通して事物を認識してきたが，身体を離れたところにある事物を知覚するという点で，知覚世界は拡がりを見せている。これは重要な認知のはたらきである。

②指さしで自己有能感をはぐくむ
　指さし場面では，乳児が主導権を取るように指さし行為をし，それに応える大人の姿がよく見られる。乳児が自分の指さしによって，周りの大人から言葉で返される経験を通して，言葉を覚え，自己有能感をはぐくむといわれている。

(5) 言葉の育ちに必要な力
①聴く力
　1つ目は聴覚である。新生児は「聴こえ」の判断が難しいが，次第に呼びかけても反応がない，応えない，喃語が1歳を過ぎても見られない等の様子が見られる場合には，注意が必要である。

②声を出す力

2つ目は声を出す力である。構音機能には口腔器官が関係する。まずは唇を使い，舌の単純な動きから巻き舌などの複雑化を経る。そして歯を複合的に使い，音声を発していくというプロセスが見られる。

③考える力

3つ目は考える力である。知性，認知の発達が必要である。言葉が増えていく背景には，単に知覚する対象が増えていくのではなく，言葉によって認識を修正するために，結果的に言葉が増えていくのである。すべての動くものを「ワンワン」と表現していた1歳児が，ワンワンだけでなく，比較的小さい動物である猫も認識し，区別できるようになると，それらは「ワンワン」ではなく「ニャンニャン」という言葉につながっていく。

④人とかかわる力

コミュニケーション能力である。他者に興味をもち，他者に伝えたいと思えることが重要であり，興味をもった他者とのやり取りから言葉は育まれていくものである。

3. 言葉の発達の道筋

次に，およそ生後1年からの言語の発達の道筋を3段階でみてみよう。

(1) 一語文
①初語

喃語を経て，生後1年頃には，初語といわれる発語が見られる。初語とは一番初めに発語された語である。しかし実際には同時期に複数の発語（マンマ，ウマウマ，ブーブー）が見られることが多い。

②一語文

　初語が出始めると一語文が聞かれるようになる。一語文とは発話としては「ママ」という一語であっても，母親を探して見つけたときには，「ママがいたね」であろうし，母親に両手を差し出して言うときには，「ママだっこして」であろう。つまり，「ママ」という名詞としてのはたらきだけでなく，そこにはまだ子どもが発することができない言葉が隠されているのである。

(2) 二語文

①二語文

　2歳を過ぎると二語文が表れる。二語文とは二語の発話で表す文である。「パパ，アッチ」といったように主語＋述語といった構文構造になっていく。

②語彙の爆発期

　二語文の中にさまざまな言葉の種類を組み合わせていくことで，2歳児が見える世界は広がっていき，言葉はぐんと豊かになる。2歳児のこの時期を「語彙の爆発期」ともよぶ。

③第一質問期

　二語文を獲得すると「コレ，ナーニ？」と盛んに質問するようになる。第一質問期である。初めて見るモノだけでなく，一度見たモノやできごとなどに対して再度尋ねるといったこともある。大人がその都度答えることで関心が広がっていく。こうして世界はモノで構成されていて，そのモノにはそれぞれ名前があると学んでいくのである。

(3) 多語文

①感情を表現することばを覚える

　3歳頃になると二語文から，次第にさまざまな語を組み合わせた三語文や多語文を話すようになる。しかしまだ大人に比べれば語彙数は少ないために，思っ

ていることをうまく表現できないときも多い。そのようなときは，保育者が子どもに代わって，その子の気持ちを**代弁**することで，子どもは，気持ちや状況に応じた言葉を学んでいく。

②会話の成立

3歳頃になると会話が成立する。聞いてくれる大人がいると，「ソレデネ, ...」等接続詞を使ったり，「ドウシテ，ワタシガシンデレラナノカワカル？」と相手の反応を確かめながら，疑問詞を使ったりするようになる。これまでは発信する一方だった幼児が，言葉を駆使し他者の気持ちを理解しようとする心もちがうまれ，他者の言葉を聞こうとする姿が見られる。

③幼児語

子どもが認知して発話しやすいように工夫された「ワンワン」「クック」等の話しかけの言葉を幼児語という。子どもが発音しやすい単純で短い語音から成り，何度も繰り返し反復されて強調されていることが特徴である。子どもは幼児語を覚えて使用するが，大人が過剰に使用しなければ，3歳頃には自然となおっていくので神経質にならず見守るのがよい。言い直しを何度も求めたり，咎めたりすることは，子どもの話したい意欲を削ぐものになるので注意する。

4. 保育者の専門性と言葉

(1) 子どもに寄り添う言葉

①子ども理解から始まる，寄り添う保育行為

子どもに寄り添うという時には，どのように寄り添うのかが重要になる。それは，その子どもをどのように理解するのかによっておのずと決まってくる。例えば，まだ発語のない1歳児が，積み木のおもちゃをずっと見つめて遊びたそうにしているのであれば，「『積み木』で一緒に遊んでみようか」と言葉をかける。このような場面で一緒に遊ぶ行為は子どもに寄り添う保育行為といえる

だろう。そうした保育者の姿勢を子どもは鋭く感じており，自分に対して温か
いまなざしが向けられているからこそ，安心して自分の思いや気持ちを表現し，
園生活を充実して過ごせるようになる。逆にいうと，そうした保育者の温かい
まなざしなくしては，子どもは園で自分を十分に表現することは難しい。

②子どもの内面を推察する

　子どもの姿の中には，思い通りにいかないと乱暴する子，すぐに泣き出す子，
友達の嫌がることをわざとする子など，さまざまな姿がみられる。このような
子を「このようなことをする理由はなんだろう」「この言動にはどのような意
味があるのだろう」「この子は何をわかってもらいたがっているのだろう」と
考えてみることこそが専門性の高い保育者である。表面的な言動にのみ振り回
されるのではなく，目には見えない，表面化はしないけれど，子どもの内面の
気持ちや思いを推察し，子どもが心から願っていることをわかろうとすること
こそが，子どもに寄り添う保育行為につながっていく。しかし，それはたやす
いことではない。いつも「もしかしたらこうなのかな？」というようなわから
なさを抱えつつも，子どもと向き合っていくことが求められていく。

(2) 保育者としての言葉—ノンバーバルの表現をどのように受け止めるのか

　保育現場では子どもからの言葉は，声のトーン，間合い，表情，目線，身体
の向き，抑揚等，言葉にならないノンバーバルを受け止めることの方が多い。
ただその感じ方は，保育者自身の見方，保育観によって左右される。また一人
の保育者であっても，生活者としていつも首尾一貫しているとは言い難い。「子
どもに寄り添う」ことや，「子どもの目線に立つ」ことは，保育者自身の価値
観や生活者としての安定感に頼らざるを得ない危うさももっている。そのこと
を保育者自身が自覚的に受け止め，省察する不断の努力が必要になってくる。

(3) 保育者間で求められる対話と言葉— 一人の先生の子ども理解では足りない

　担任保育者が責任感から子ども一人ひとりを理解していくことは必要なこと

である。しかし担任一人の子ども理解では不十分である。

　A君を理解するのに，B先生，C先生，D先生，E先生と複数の先生がそれぞれにA君の理解を出し合えば，それだけ関与の可能性が高まり，理解の範疇も広がっていく。その子を理解しようとする保育者間の，柔軟で対話的姿勢こそが，子どもたちの「育ち合い」や「支え合い」をはぐくむことになる（図4.4）。

この部分はわかってあげられない

A君　　　B先生のA君理解

B・C・D・E先生複合のA君理解だと複数の先生にわかってもらえる安心感がある。

図4.4　A君理解を共有する

(4) 言葉の氷山モデル

　子どもが早く言葉で話せるようになることを期待する大人は多い。そのために，どうしても言える言葉に注目しがちである。しかし重要なことは，言える言葉だけに注目するのではなく，子どもの中で育っている，言える言葉の土台

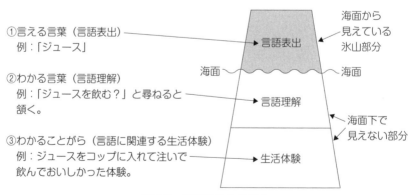

①言える言葉（言語表出）
　例：「ジュース」

②わかる言葉（言語理解）
　例：「ジュースを飲む？」と尋ねると頷く。

③わかることがら（言語に関連する生活体験）
　例：ジュースをコップに入れて注いで飲んでおいしかった体験。

海面から見えている氷山部分

言語表出

海面　　　海面

言語理解

海面下で見えない部分

生活体験

図4.5　言葉の氷山モデル

に，思いを馳せることである。このことを氷山モデル（図4.5）で説明する。

　言える言葉（言語表出）とは，海面から出て，目に見えるようにわかる。しかし言葉が言えるようになるためには，その言葉の意味をわかっていなければならない。これがわかる言葉（言語理解）である。その言葉の意味がわかるのは，わかることがら（言語に関連する生活体験）が土台となっているためだ。逆にいうと，さまざまな生活体験に次第に言葉が合致していき，わかる言葉が増えて，言える言葉になっていくのである。

　言葉の成長をはぐくむためには，生活体験を豊かにし，その体験に言葉を添えて，子どもに寄り添うことを繰り返していくことが重要である。言葉はその過程で子ども自身が学び，獲得していくものである。

［栗原ひとみ］

✎ 課題
・2人組で，乳児役と保育者役になり，ロールプレイをしてみよう。乳児役は言葉を話さないで伝えてみよう。

📖 推薦図書
【書籍】ダナ・サスキンド著，掛札逸美訳（2018）『3000万語の格差―赤ちゃんの脳をつくる，親と保育者の話しかけ』明石書店

参考文献
小椋たみ子他（2015）『乳幼児期のことばの発達とその遅れ』ミネルヴァ書房
近藤幹生他（2011）『ことばと保育』ひとなる書房
宍戸健夫・金田利子他（2006）『保育小辞典』大月書房
徳安敦・堀科（2016）『生活事例からはじめる保育内容　言葉』青鞜社
戸田雅美編著（2009）『演習保育内容　言葉』建帛社

第5章
子どもと表現

　子どもは幼稚園・保育所等で，歌を歌ったり，音楽に合わせて身体を動かしたり，何かを製作したりする。保育におけるこれらの活動は「表現活動」と呼ばれることが多い。これらの活動で，子どもは何を「表現」しているのだろうか。子どもの育ちにおいて表現活動はどのような意義をもつのだろうか。保育者は子どもの「表現」をどう評価すればよいのか。本章では，幼稚園教育要領等における領域「表現」の記述を中心に，子どもと表現について考えていく。

1. 子どもの発達と「表現」

(1)「表出」と「表現」

　登園してきたＡちゃんが，仲良しのＢちゃんの欠席を知って浮かない顔をしている。Ａちゃんは，Ｂちゃんと一緒に昨日の続きで遊ぼうと楽しみに登園したらしい。この時のＡちゃんの「浮かない顔」は，Ａちゃんの気持ちが思わず現れた「**表出**」である。Ａちゃんの様子を見た保育者が「Ｂちゃんはお熱が出たんだって。明日は元気に一緒に遊べるといいね。」と声がけすると，明るい顔になって「うん，早く元気になってね，ってＢちゃんにお手紙を書く」と二人が楽しそうに遊んでいる絵を描き始めた。この時の絵は，Ａちゃんの気持ちの「**表現**」である。気持ちが動き，この気持ちを外に出して誰かに伝えたい，あるいは，この気持ちを表わして自分でもっと味わいたい，という思いをもつとき，その表われは「表現」だといえる。

(2)「表現」の種を育てる

　一般に私たちは「表現」と聞くと，文学・音楽・美術・舞踊など，いわゆる「芸術」（あるいは「芸能」）的な作品や活動などを想像するだろう。しかし，保育においては「表現」という語を広く捉えることが必要だ。

　乳児の活動は，まず自分の身体の探索運動として行われる。生後20日頃から，赤ちゃんは機嫌のよいときに，泣き声ではない柔らかい声を出すようになる（**クーイング**）。また数か月経つと，高い声や低い声，うなり声なども出すようになる（**ヴォーカル・プレイ**）。実際に声を出してみて，どんなふうにするとどんな声が出るのか，自分の身体を探索していると考えられる。

　手の機能が発達し，何かを握って腕を動かすことができるようになる。大人が握らせた何か（例えばガラガラ）を振ってみると音が聞こえる。自分の手の動きと音は同期している。手をいろいろに動かしてみる。音量が変わったりする。何か（例えばベッドの枠）にぶつかると，また違った音がする。これらも自分の体の動きと音を結びつけることにつながる探索活動であろう。

　齋藤亜矢は，「1歳児がはじめて『おえかき』に挑戦するときの様子」を次のように描写する[1]。

　「ペン先を紙につけると点が生まれる。ペン先を紙につけたまま水平に動かすと，線が現れる。手を動かしているうちに，筆記具と紙との対応づけを理解していく。」「だから，子どものなぐり描きは，紙の上に何かを表現しているというより，身体的な探索の痕跡だといわれる。紙の上には，自分の動きがそのまま描線となって残る。そのフィードバックを確かめながら，いろいろな動きを試すうちに，描線のレパートリーが増えてくる。」「さらに手首や指を連動させて，より細かなコントロールができるようになると，始点と終点がはっきりとした線や，閉じた円を描けるようになる。そしてちょうどそのころ，身体的な探索の痕跡としての描線から，具体的なモノの形（表象）を生み出すように

---

1) 齋藤亜矢（2014）『ヒトはなぜ絵を描くのか―芸術認知科学への招待』岩波書店，pp.15-16

第5章　子どもと表現　　65

なる。個人差はあるが，この表象画の発生が，おおむね3歳ごろのことである。」

　声の探索活動であるヴォーカル・プレイや，身体的な探索の痕跡である線描画は，厳密に言えば「表現」ではない。しかし，大人はこれらの行動になんらかの「思い」を読み込んで反応する。子どもの発声を模倣し，さらに「そうなの，○○ちゃんはご機嫌さんね」と話しかけたり，描画を「○○ちゃんは『おえかき』が好きなのね」と新しい紙を与えてさらに活動を続けるように働きかけたりする。乳児の活動は，まだ「表現」ではなく，「表現」に育っていく「種」かもしれない。その「種」が芽吹き大きく成長していくためには，周囲の人の関わりが必要である。子どもの活動を大人が意味づけをして受容的に応答していくことにより，子どもの活動は促され，子ども自身の意図を持った「表現」に育っていく。「表現」は，人との関わりにおいて生まれ，育つ。保育者として，「表現」へと育っていく種を大切に守り育てたい。

2. 領域「表現」と保育

　では，「表現」の種を芽吹かせ，大きく育てていくためには，保育者はどのように子どもに関わっていけばよいのか。幼稚園教育要領等では，「表現」は5領域の一つとして位置づけられ，「感じたことや考えたことを自分なりに表現することを通して，豊かな感性や表現する力を養い，創造性を豊かにする。」と示されている。以下に「幼稚園教育要領」を見ていこう。

(1) 領域「表現」の「1　ねらい」と「3　内容の取扱い」

　保育を行うにあたり，どのような「ねらい」を保育者がもつかにより，表面的には同じ活動に見えてもその教育的意図は異なり，子どもの学びも異なってくる。領域「表現」で挙げられている3つの「ねらい」を「3　内容の取扱い」と合わせてみていく（以下，「幼稚園教育要領」からの引用は，下線をつけて示す）。

ねらい1：いろいろなものの美しさなどに対する豊かな感性をもつ。

　あなたはどのようなものに「美しさ」を感じるだろうか。雄大な自然の風景，趣のある建築物，芸術作品，人の立ち居振る舞いや，人と人との関わり等，さまざまなものにそれぞれの「美しさ」を感じたことがあるだろう。「美しさ」は，美術館やコンサートホールで鑑賞する優れた作品だけにあるのではなく，毎日の生活の中でも「発見」することができる。例えば，気持ちよく晴れた秋の一日に，私たちはどんなことを感じ考えるだろうか。

　今日は秋晴れで空が高く，吸い込まれるような青色だ。その青色を切り取ったように雲が太陽の光を反射して白く輝いている。あの雲の形は○○みたいだ。そよ風にススキの穂が揺れている。ふわふわで柔らかそうだ。触ってみたいな。柿の木もある。実はオレンジ色に輝いて，樹に小さな太陽がたくさんなっているみたいだ。気持ちのいい日だな。トンボが飛んできた。私もトンボのように「ついっ」と飛んでみたいなあ。

　私たちの生活は，美しいもの，興味を喚起する「素敵なこと」にあふれている。しかし，それをどう感じるかは一人ひとり異なるだろう。まず，生活の中に隠れたさまざまな「素敵なこと」を子どもとともに発見し，子どもとともに味わいたい。「風の音や雨の音，身近にある草や花の形や色など自然の中にある音，形，色など」に注意を向けてみると，今まで気に留めなかったたくさんのことに気がつくだろう。このような「身近な環境と十分に関わる中で美しいもの，優れたもの，心を動かす出来事などに出会い，そこから得た感動を他の幼児や教師と共有し，様々に表現することなどを通して」豊かな感性は育まれる。

ねらい2：感じたことや考えたことを自分なりに表現して楽しむ。

　前述のように生活の中でさまざまな「素敵なこと」を発見すると，誰かに伝えたくなったり，さらに深く味わうために，自分なりに絵や音や体の動きなど

で表わしたくなったりする。「感じたことや考えたこと」を外に表わすことは，「このようなことに興味を持って，このようなことを面白いと感じている自分」の表現（**自己表現**）でもある。「幼児の自己表現は素朴な形で行われることが多」く，その表現の技能は未熟である。保育者は，素朴な表現を意味づけ，表現にこめられた子どもの思いを汲もうとする。子どもの「表現を受容し，」「表現しようとする意欲を受け止めて，」「生活の中で幼児らしい様々な表現を楽しむことができるように」留意したい。自己表現が受け入れられ，自分が自分らしくいられるとき，心は安定し成長のためのエネルギーに満たされるだろう。

ねらい３：生活の中でイメージを豊かにし，様々な表現を楽しむ。

　「イメージ（image　心像）」とは，「感覚対象の刺激がないとき，心がその中につくりあげる感覚像[2]」である。例えば，「富士山」という語を示されると，「末広がりの稜線をもち，平らな部分をもつ山頂付近に雪をかぶった大きな単独の山」の像を思い浮かべる。そのようなイメージを思いうかべることが**想像**（imagination）であり，まだ体験したことがないものごとを想像するなどして，新しいものごとを自分の頭で作り出すことが**創造**（creation）である。「イメージはわれわれの思考活動に大きなハタラキをもつ[3]」。人間を人間たらしめる豊かな精神活動は豊かなイメージに支えられている。

　雲を見て，その形を「○○みたい」と考える。手近にある布をマントにしてキャラクターになりきって遊ぶ。なんの変哲もない積み木を「車」や「おうち」に「**見立て**」て遊ぶ。これらはイメージをもつからこそ可能になる思考活動である。「こんな風に作りたい」「こんな風に動きたい」というように，イメージは「表現」を導く源泉となる。イメージを豊かにするために，「遊具や用具などを整えたり」して，子どもが想像力を働かせて自由な発想・試行ができる環境を整える。さらに，素材を豊かにするのみではなく「様々な」「表現の仕方

2）思想の科学研究会編（1992）『増補改訂　哲学・論理用語辞典』三一書房，「イメージ」の項
3）同上

に親しんだり」「他の幼児の表現に触れられるよう配慮したりし」て，その「表現」の仕方が豊かになる環境を整える。

　想像力を働かせ，自由な発想でさまざまな表現を楽しむことが，領域「表現」の目標にある「**創造性**」につながる。「表現する過程を大切にして自己表現を楽しめるように」「様々な表現を楽しみ，表現する意欲を十分に発揮させる」環境を整えることが重要である。

(2) 領域「表現」の「2　内容」

　領域「表現」では，次の8項目が「内容」としてあげられている。

---

(1)　生活の中で様々な音，形，色，手触り，動きなどに気付いたり，感じたりするなどして楽しむ。

(2)　生活の中で美しいものや心を動かす出来事に触れ，イメージを豊かにする。

(3)　様々な出来事の中で，感動したことを伝え合う楽しさを味わう。

(4)　感じたこと，考えたことなどを音や動きで表現したり，自由にかいたり，つくったりなどする。

(5)　いろいろな素材に親しみ，工夫して遊ぶ。

(6)　音楽に親しみ，歌を歌ったり，簡単なリズム楽器を使ったりなどする楽しさを味わう。

(7)　かいたり，つくったりすることを楽しみ，遊びに使ったり，飾ったりなどする。

(8)　自分のイメージを動きや言葉などで表現したり，演じて遊んだりするなどの楽しさを味わう。

　「内容」(1)〜(4)は，豊かな感性でいろいろなことに気づき，イメージを豊かにもって感じ考えたことを表現し共有する活動を，段階を追ってその過程を示していると考えられる。

　「内容」(5)は，子どもにとっては「工夫して遊ぶ」ことが「表現」であることを示している。子どもの生活は「**遊び**」である。「遊び」はそれを楽しむた

めに行う自己目的的な活動である。興味をもって集中している場面でこそ，子どもは多くを学び成長していく。子どもの遊びは「自分」が何者であるかを示す「自己表現」である。

「内容」(6) (7) (8) は，主にそれぞれ音楽活動，造形活動，身体活動および言語活動に対応している。言語活動については，領域「言葉」で詳しく扱うためここでは割愛するが，いわゆる「音・図・体」は，一般に私たちが「表現」といったときに想像する活動内容であろう。これらの分類の仕方が，小学校以降の学校教育における教科と一致しており，また，芸術・学問の分野として安定した区分となっている。小学校との接続や教科内容としての発展性を考慮すると，表現活動をそれぞれの分野ごとに捉え考察することは有益である。

保育者養成においては，それぞれの芸術分野を専門にする教員によって授業が行われているだろう。子どもの発達に資する適切な表現活動を設定するためには，それぞれの専門的知識のもとに子どもの発達を踏まえることが必要である。音楽・美術・舞踊はそれぞれ広く深い学問的基盤をもっているので，ここで詳細に述べることは不可能であり，また筆者はその任に堪えない。各々の専門の技能を高め，また書籍等をひもといて理解を深めていってほしい。

しかし，1989年告示の「幼稚園教育要領」で，従前の領域「絵画製作」「音楽リズム」が「表現」に統合されたことに示されるように，表現の媒体は違っても「感じ考えたことを」「表現」することに通底する本質を踏まえておきたい。また，(6) (7) (8) のいずれの項目においても，「楽しみ」「楽しさを味わう」と示されているように，各々の分野の表現技能を育てることに重きをおくのではなく，遊びとして熱中できる活動を設定していきたい。

3. 身体に根ざした表現活動

(1) 子どもの活動は「まるごと」

私たち大人は，音楽は「聞く／聴く」ものであり，美術は「見る／観る」ものだと考えがちである。しかし，子どもは，身体全体でまわりの出来事を味わっ

ている。

　松岡宏明は，大人は「かつて子供の頃に，さわる，なめる，嗅ぐ，耳を澄ます，見るといった**五感**をフルに起動させて世界にかかわっていたことを忘れてしまいます。」と指摘する。大人は視覚を中心に世界を認識するが，「子供が全感覚を起動しているのは，意識的なことではなく，そうしないと世界がつかめないから」なのであり，「四歳児が目の前のもの〔玉ねぎ　筆者注〕を見ながら描くということは，大人が強制しない限りありません。」「さわってみたい，皮を剥いてみたい」「全感覚を起動させて接してみたいのです。」と述べている。[4]

　音楽を聴けば自然に体が動くのが子どもである。子どもの感覚は未分化で共感覚的である。**共感覚**とは，「音をきくと色がみえるというよう」に，「一つの感覚が他の領域の感覚をひき起こす[5]」ことをいう。「黄色い声」と言うとき，その表現は**比喩**であって本当に声が黄色く見えているわけではないが，このような「共感覚的表現」を私たちは直感的に理解する。汐見稔幸は，乳児は「感覚器官の分化，分担がまだ十分でな」く，「最近の脳の研究では，赤ちゃんは1歳になる前あたりまで，だれもがいわゆる共感覚の持ち主だということがわかってきた。耳から入っていった刺激が，脳の中で，聴覚野だけでなく，視覚野にも行っていること，逆に目から入った刺激も，聴覚野に行っていることがわかってきたのである。」と述べている。[6]成長の過程で，より効率よく認識できるように感覚は分化していくが，共感覚的な感じ方は大人になっても残っている。保育においては，子どもの発達に即し，「全感覚を起動させ」，身体「まるごと」で世界にかかわる体験を保障したい。

---

4) 松岡宏明 (2017)『子供の世界　子供の造形』三元社，p.21，29，39
5) 宮城音弥編 (1979)『岩波　心理学小辞典』，「共感覚」の項
6) 汐見稔幸 (2016)「COLUMN I　風景を音楽で写生すること」小西行郎・志村洋子・今川恭子・坂井康子編著『乳幼児の音楽表現─赤ちゃんから始まる音環境の創造（保育士・幼稚園教諭養成課程）』中央法規，pp.24-25

(2) 音楽・造形・身体表現を総合した実践事例

　「全感覚を起動させる」子どもの感じ方・思考の実態に即した，さまざまな感覚を融合した（鑑賞活動を含む）「表現」活動の事例として，筆者が徳島県立近代美術館と協働して行った実践を紹介する。

　美術館が就学前の幼児を対象に実施している「アートの日」の一環として，とくしま健祥会保育園の年長児（26名）を対象に，音楽を聴いて感じ考えたことを身体・造形・言語で表現する活動を公開保育として実施した[7]。

　概要を表5.1に示す。使用した曲は，〈シンコペーテッド・クロック〉（アンダソン作曲）（の冒頭1分）である。

表5.1　活動の概要

時間	活動等		
30分	音楽を聴く	音楽活動	○楽器（ウッドブロック）とその音色に親しむ ・様々なたたき方で音を出す ・ウッドブロックの音色を言葉で表現する
		身体表現	○リズム遊び ・ウッドブロックで保育者のリズムを模倣する ○音楽に合わせて体を動かす ・ウッドブロックの音が聞こえたら楽器を叩くまねをする ・ウッドブロックの音が聞こえたら音楽に合わせて歩き，聞こえないところでは，その場で手や体を動かす
40分		造形表現	○音楽を色と形で表す（台紙上に色紙を切り貼りする）
20分		言語表現 作品鑑賞	○全員の前で製作した作品を説明する ○説明を聞きながら作品を鑑賞する ○音楽を聴きながら作品を鑑賞する

（出所）筆者作成

---

7)　髙木夏奈子（2019）「音楽と美術と子どもたち―領域『表現』の教科横断的な活動とその基盤としての『身体』」『保育所・幼稚園・こども園の子どもたちと美術館（「アートの日」の本）』徳島の公立美術館と就学前施設との連携事業実行委員会，pp.170-175

表5.1の活動内容を説明する。

　まず，アイスブレイクとして，曲の特徴的なリズムを奏するウッドブロックの音色に親しみ，保育者（筆者）のまねをするリズム遊びを行った。

　その後，「この楽器が活躍する曲があるよ。聞こえてきたら叩くまねをしてね」という指示で音楽をきき，さらに「ウッドブロックが聞こえるところと聞こえないところがあったね。聞こえないところはその場で，手や体を動かしてみよう」と指示してその場で身体表現を行った。

　「ウッドブロックが聞こえるところでは，曲に合わせて歩いてみよう。聞こえないところはその場に立って，手や体を動かしてみよう」として再度曲に合わせて身体表現活動を行った。

　造形活動では，「今日，お休みだったお友達やおうちの人に，どんな曲だったか教えてあげよう」「こんな曲だったよ，こんなところがあったよ，こんな風に感じたよ，とみんなの感じたことを，画用紙に色紙を切り貼りして作品にしてみよう。この曲は，どんな色や形が合うかな？」という指示で，子どもが選んだ台紙（正方形または長方形の7色の色画用紙から選択）上に色紙を切り貼りして製作した。製作中はほとんど途切れなく曲を流し続けた。

　床の上に円形に作品を並べ，全員の前で一人ひとり作品の説明を行い，説明の共有の後に，全員の作品を音楽とともに鑑賞した。

　以下に作品例を紹介する。

作品例1

　曲冒頭のメロディーを色と形で表わした図形楽譜的な作品である。色と形，配置が音楽と合っているか，繰り返し繰り返し耳を傾け確かめる姿が見られた。

作品例2

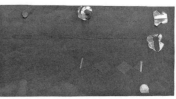

　曲中の流れるような旋律の部分に注目し，友達二人の連作として製作した。
「草の背の高い部分と低い部分が音を表わしている」「水の中で揺れているイメー
ジから，わかめが水に揺れるのを表現した」という子どもの説明を，参観して
いた園の保育者が聞き取っており，活動後の研修会で共有された。

4. 子どもとともに「表現」を楽しむ

(1)「表現」における評価

　教育は，「ねらい」をもち意図的に子どもに働きかける営みである。**評価**は，
ねらいをもって行った保育を振り返り，子ども理解を深め，さらに成長を促す
次の保育を構想するために行われる。「表現」の評価も同様である。表現活動
は目的ではなく，それを通して子どもがさまざまな経験を重ね，成長していく
過程である。保育において重要なのは，子どもが生活の中で「遊び」を楽しみ，
その子らしく生きることである。活動における子どもの様子を振り返り，「一
人一人のよさや可能性などを」発見し，次は「どんな活動をしたら，子どもの
今の興味関心にあった，熱中できる遊びができるだろう」と考える。「他の幼
児との比較や一定の基準に対する達成度についての評定によって捉えるもので
はないことに留意する」。子どもが楽しみながら自己を表現することができたか，
結果（作品や演奏などの出来映え）ではなく，「表現する過程を大切に」子どもを
理解しようとすることが重要である。

(2) 保育者も「表現者」として自分の得意分野をもとう

　子どもの興味関心は一人ひとり異なる。保育者も同様であり，それぞれ保育者としての「持ち味」がある。表現活動においても，子ども一人ひとりに適した働きかけをしたいが，一人の保育者が「表現」のすべての分野に精通することは難しい。自分一人ですべてをやろうとするのではなく，それを得意とする人や機関と**協働**するという視点をもつことは有益である。それぞれの専門性を生かして協働することにより，子どもがより深い学びを得られる活動になる可能性がある。そのうえで，保育者も一人の「表現者」として「表現」における自分の得意分野をもちたい。一つの分野を深めると，その学びを基点として他分野との共通点などに気づき，表現することの本質への省察を得ることができるだろう。保育者が楽しんでいない活動では，子どもも楽しめない。子どもとともに「表現者」として表現を楽しみたい。

［髙木夏奈子］

✏️ **課題**

・子どもが伸び伸びと表現できる保育環境（物的・人的・心理的等）とはどのようなものか，考えてみよう。

・身体表現・造形表現・音楽表現・言語表現を総合的に楽しめる表現活動例を考えてみよう。

📖 **推薦図書**

【書籍】山野てるひ・岡林典子・鷹木朗編著 (2013)『感性をひらいて保育力アップ！「表現」エクササイズ＆なるほど基礎知識』明治図書

参考文献

小林紀子・砂上史子・刑部育子編著 (2019)『新しい保育講座⑪　保育内容「表現」』ミネルヴァ書房

坂田陽子・高田雅弘 (2007) DVD「赤ちゃんの生後1年間の驚くべき能力」ナカニシヤ出版

第6章
幼児理解と教育相談

　第1章から第5章では，5つの領域のねらいや内容についてみてきた。これら5つの領域のねらいや内容に基づいて，保育者は子どもの姿を評価し，自らの実践を振り返りながら保育を行っている。この保育の営みにおいて，園と家庭がそれぞれの生活環境における子どもの情報を共有し，連携していくことが必要である。本章では，保育や幼児教育を充実させるための幼児理解の方法と，園と家庭の連携を支える教育相談について解説する。

1.　保育における幼児理解

(1) 幼児理解について

　保育者は，子どもの健全な成長に必要な環境を構成し，子どもと生活をともにしながら保育を実践する。この保育の営みにおいて，**幼児理解**は保育のあり方を左右する重要な基盤となる。

　幼児理解とは，幼児の特性や発達段階を分析しつつ，幼児が何に興味をもち，遊びや活動を通して何を感じ，何を実現しようとしているかの内面的な理解をすることである。[1] 以下では，事例6.1に示すA子の事例から幼児理解について考えてみる。

　このとき，「A子は青虫にさわらずB子の様子をみつめていた」という表面的な理解だけでなく，その行動の背景まで考えてほしい。例えば，「青虫に興味を示して目を輝かせてみている」「さわってみたいが青虫が怖くて勇気が湧

---

1) 金宰完（2007）「幼児理解」谷田貝公昭監修『保育用語辞典第2版』一藝社，p.374

事例6.1 ナミアゲハの青虫とふれあうＡ子の事例

園室で保育者がナミアゲハの青虫の世話をしていると，Ａ子とＢ子がやってきた。Ｂ子は「さわってもいい？」と保育者に尋ね，保育者は「いいよ，やさしくさわってね」と答え，Ｂ子の手のひらに青虫をのせた。Ｂ子が「かわいい」と言って青虫をなでている様子を，Ａ子はじっとみつめていた。

かずにみている」など，さまざまな理解ができるだろう。Ａ子の心の内面をより正しく理解するためには，Ａ子の表情や様子，発達段階や特性，取り巻く環境などと関連づけながら，総合的に理解する必要がある。この時，保育者は「Ａ子は臆病な面があるから，青虫を怖がっているのかな」と理解して，Ａ子を後押しするために「青虫は柔らかくて気持ちいいよ，Ａ子ちゃんもさわってみる？」と声をかけることもできる。または，Ａ子の青虫への関心を高めるために，「青虫は大きくなると何になるか知っている？」「青虫の目はどれかわかる？」といった問いかけをすることもできる。

保育者にとっての幼児理解とは，自分の中に築かれた〈その子〉の理解を，〈その子〉とのかかわりを通して常に更新し，次のかかわりへと移行する行為である[2]。Ａ子が今回の経験で青虫にさわることができ，次の日から飼育箱の青虫に関心を向けるようになれば，「青虫を怖がる子」から「青虫が好きな子」のように，Ａ子への理解が更新されるだろう。次に行うＡ子への保育行為を考えるならば，生命の尊さや責任感を感じさせることをねらいとして，Ａ子を青虫の世話活動に誘うことができる。他にも，好奇心や探究心の促進をねらいとして，昆虫図鑑を用意して自ら青虫の生態を調べられる環境を整えることもよいだろう。このように，保育者は保育の営みの中で常に幼児理解を行いなが

---

2) 岡田たつみ・中坪史典 (2008)「幼児理解のプロセス—同僚保育者がもたらす情報に着目して」日本保育学会『保育学研究』46，pp.169-178

ら，自らの保育実践を子どもにとって最良となるように発展させている。

(2) PDCAサイクル

保育の質の向上や自己評価・第三者評価を行うにあたり，**PDCA サイクル**（図 6.1）が重視されている。[3] PDCAサイクルでは，保育・教育のねらいや内容を計画する（Plan），その計画に沿って保育を実践する（Do），計画に沿って保育が実践されたかを評価する（Check），その評価に基づき計画や自らの保育を改善する（Action）という4段階を循環しながら保育を行っていく。PDCAサイクルは，子ども一人ひとりの実態に沿って行われており，すべての段階で幼児理解が求められる。

特にPDCAサイクルで重要なことは，単に保育を実践しただけで終わらないという点である。実践から得られた子どもへの気づき，計画の到達度，今後の課題などを記録して評価することで，保育者自身がそれらを意識化・明確化

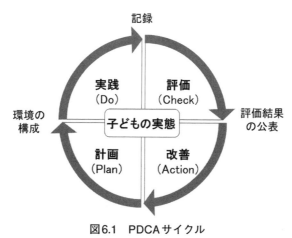

図6.1　PDCAサイクル

(出所) 厚生労働省「保育所における自己評価ガイドライン【改訂版】(試案)」p.3 より作成。

---

3) 厚生労働省 (2019)「保育所における自己評価ガイドライン【改訂版】(試案)」厚生労働省 https://www.mhlw.go.jp/content/11907000/000512776.pdf (2019年8月27日閲覧)

することができる。さらに，その評価結果を公表して職員間で相互理解することや，保護者などの関係者と共有して連携することで，保育者一人では成しえない保育の質の向上や改善が期待される。

2. 幼児理解の方法

(1) 発達の理論

　幼児理解において，子どもの運動，認知，感情，言語，社会性などの発達に関する一般化された知識は必須である。発達の理論では，生まれてからの心身の連続的な変化が説明されている。運動発達の例を挙げると，生後10か月頃にハイハイをして，生後15か月頃にひとり歩きをするといった説明である。ほかにも心理学では，発達過程をいくつかの段階に分けて，それぞれの発達段階でみられる特徴を説明する理論が多い。代表的な理論として，子どもが外界を認識するための認知的枠組み（シェマ）の変容を説明した**J. ピアジェ**（Jean Piaget）の認知発達理論がある[4]。J. ピアジェは，発達段階を以下の4つに分けて説明している。感覚運動期（0〜2歳頃）では，感覚と身体運動の協調・協応によって外界を理解する。前操作期（2〜7歳頃）では，目の前にないものを頭の中でイメージすることができ，言葉を用いた思考が可能になる。前操作期の子どもは自分の視点を中心にして外界を理解するため，自分と異なる他者の視点に気づかない**自己中心性**がみられる。具体的操作期（7〜11歳頃）では，目の前の具体的な事物に対して論理的思考が可能になる。形式的操作期（12歳以降）では，演繹的推論など抽象的な事柄に対する論理的思考が可能になる。

　発達段階を見通した幼児理解は大切であるが，発達段階で示された基準に照らして子どもの発達が進んでいる・遅れているといった優劣を評価するべきではない。発達のすすむスピードは子どもによって異なるため，発達の理論に照

---

4) Piaget, J. (1964) *Six études de psychologie*, Editions Gonthier. (= 1968, 滝沢武久訳『思考の心理学—発達心理学の6研究』みすず書房)

らしながらも，子ども一人ひとりの成長の姿を柔軟に理解していく必要がある。

(2) 観察による理解

　保育者が行う観察には，**参与観察**と**非参与観察**がある。参与観察は，保育者自身が人的環境として子どもと関わりながら行う観察である。参与観察では，保育者が子どもと活動を共有することで，子どもの視点に立った共感的な理解がしやすくなる。非参与観察は，教育実習や園内研修などで他の保育者の保育や子どもの様子をみる観察である。

　幼児理解は，子どもの様子や取り巻く環境を注意深く観察することからスタートする。この観察を通して，子どもが経験している活動の意味や，子どもの心の動きといった内面的な理解をすることができる。

(3) 個と集団の関係からの理解

　保育に適切な集団規模は，国によって規定されている。例えば，幼稚園では1学級あたり専任教員1人につき子ども35人以下が原則である。子どもたちは，園全体やクラスでの集団生活を営み，仲間集団をつくってさまざまな活動を展開している。例えば，運動会や発表会，クラスごとの集まりの会，仲間同士のごっこ遊びや協同的な活動などである。それらの活動を通して，子ども同士が目標に向けて協力したり，自然と助け合ったりして人間関係を深めていく。しかし，子ども同士の主張がぶつかったり，ルールが守れなかったりすることで，ケンカやトラブルが生じることもある。個々の子どもの成長は，保育者からの直接的な援助だけでなく，活動をともにする集団での経験にも影響される。

　子どもは，集団での遊びや活動を通して決まりやルールといった規範を学び，社会性に関連するさまざまな能力を伸ばしていく。その中の一つである**自己制御能力**は，自分の目的や規範意識に沿うように自己の行動を制御する能力である。自己制御には，自己主張・実現，自己抑制の二側面がある。自己主張・実現は「いやなことは，はっきりといやと言える」「入りたい遊びに自分から『入れて』と言える」などであり，自己抑制は「遊びの中で自分の順番を待てる」

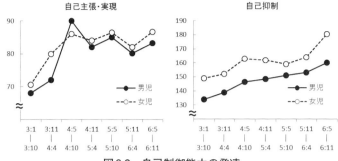

図6.2　自己制御能力の発達

（出所）柏木惠子（1988）『幼児期における『自己』の発達：行動の自己制御機能を中心に』東京大学出版会に基づき作成。

「友達とおもちゃの貸し借りができる」などである。図6.2は，保育者に担当クラスの子どもの自己制御能力を評定させた結果である。自己主張・実現は3歳から4歳にかけて高くなりその後の変化はあまりない。自己抑制は3歳から6歳にかけて伸び続けている。

　自己制御能力は，保育者が主導する活動や教え込みで伸びるのではなく，子どもの主体性を重視した保育（例えば，見守りながら求められた時に援助をするなど）で育まれる。ただし，保育者は自然に形成された集団を単に見守ればよいということではない。子どもの最善の利益となる集団づくりに向けて，保育者は個々の子どもの実態や子ども同士のかかわりを考慮し，ねらいをもって環境構成や援助を行う必要がある。

(4) 記録を通した理解

　保育記録とは，保育実践の出来事や子どもの言動，保育者の指導や対応を記し，反省や評価などを書き留めたものである。保育記録の種類には，子どもの一日の活動や遊びを振り返って記録する個人記録，保育者が心に残った場面に

5）中道圭人（2018）「幼児期の自己制御の発達とその支援」森口佑介『自己制御の発達と支援』金子書房，pp.18-29

表6.1　保育記録を作成する時のポイント

場面	いつ，だれが，どこで，なにをしていたか，環境やまわりの様子，子ども同士の人間関係など。
援助前の幼児理解	子どもが感じていたこと（表情や言葉も含めながら），遊びや活動で実現させようとしていたことなど。
保育者の行った援助	保護者が実際に行った言葉かけや環境構成，援助のねらい，保育者の願いなど。
援助後の幼児理解	援助後の子どもの反応や変化，援助後に子どもが感じていたことなど。
今後の課題・援助	今後の課題や援助，援助に必要な環境整備など。

ついて保育者自身の主観的な思いなどを含めて記述した**エピソード記録**，写真やビデオに文章を添えて活動を記録する**ドキュメンテーション**などがある。

　保育記録の種類によって書き方や文字量は異なるものの，保育記録の作成では表6.1に示すポイントを意識するとよいだろう。保育記録を作成して自らの保育実践を意識的に振り返ることは，これまでに気づかなかった子どもの新しい姿の発見につながる。そして，記録に基づく保育実践の評価は，保育の改善や具体的な保育計画の立案に活かすことができる。

　また，保護者と保育者がやり取りする連絡帳も，個人記録の一つである。表6.2の連絡帳のやりとりのように，保護者は家庭での子どもの様子や成長への願い，保育での配慮のお願い，子育ての悩みや質問などを記入している。保育者は保育中に捉えた子どもの様子や成長の実感，質問への返答などを記入している。連絡帳は，保育者と保護者のコミュニケーションの記録というだけでなく，双方が子どもの情報を共有して相互理解を深める役割も担っている。

　さらに，保育記録は蓄積して振り返ることで，長期的な子どもの変化や成長を理解して評価することもできる。長期的な子どもの評価は，「幼稚園幼児指

---

6) 若月芳浩（2019）「保育記録」谷田貝公昭編集代表『改訂新版　保育用語辞典』一藝社，p.355

表6.2　1歳児クラスに入所した子どもの父親と保育者の連絡帳

入所直後の保護者からの要望や質問（5月11日）

父親	鼻水がよく出ているのでこまめにふいてください。左手の指をけがしています。手をふく時強く押さないようにお願いします。昨日、牛乳は飲んだのでしょうか？
保育者	昨日は午前中のみ牛乳を飲んで午後のおやつでは飲んでいません。今日はごはんを食べてからすぐ寝ました。ごはん中は周りが寝ていたのでいつもと違う雰囲気に不安な様子でしたが沢山食べていましたよ！

保育所と家庭の子どもの様子についての情報共有と相互理解（8月16日）

父親	昨日散歩できなかったせいか，夜なかなか眠らずに大変困りました。今朝は機嫌が悪かったです。
保育者	（家庭での）睡眠時間がいつもより短かったせいか午睡ではあっという間に寝ていました。プールの中では「あめー」とじょうろで水を流しながら話していました。

子どもの成長についてのやりとり（10月19日）

父親	このごろは，なにか言葉を言うとすぐ口真似して覚えます。とてもお利口になってきました。大人のしゃべっていることもかなりわかっているようです。
保育者	最近言葉だけでなく，自分でしたいという気持ちが出てぐんぐん成長してきているような感じがします。今日は一人でズボンをはき，シャツも自分で着ようとしていましたが，それは難しかったようです。

(出所) 林悠子（2015）「保護者と保育者の記述内容の変容過程にみる連絡帳の意義」日本保育学会『保育学研究』53，p.84 より一部抜粋して作成。

導要録」「保育所児童保育要録」「幼保連携型認定こども園園児指導要録」などの要録にまとめて，小学校へ送付することが義務づけられている。これらの要録は，幼児期の終わりまでに育ってほしい10の姿と照らしつつ，1年間の子どもの成長，指導および保育の内容をわかりやすく記載することで，小学校での指導に活かされている。

(5) 連携を通した理解

　複数の保育者が同じ子どもの様子を観察すると，保育者が抱く子ども観，保育実践経験，観察の仕方などによって，幼児理解の視点が異なることがある。また，子どもと保育者の関係性によって，現れる子どもの姿が異なることもあ

る。例えば，ある子どもは，一方の保育者の前では静かで大人しいが，もう一方の保育者の前では甘えた姿をみせたりする。

　そのため保育者は，保育者同士で連携して，複数の評価を基にしながら子どもの姿を多面的に理解し，保育実践を分析的に振り返ることが大切である。そして，保育者は意識的に自らの幼児理解の状態を省察して，日ごろから幼児理解の視点を広げ，より良い保育実践に向けて成長し続ける必要がある。このように自ら省察して成長を続ける専門職像は**反省的実践家**と呼ばれている[7]。保育者一人ひとりが反省的実践家として連携することで，子どもの見方や園の方針が共有され，園全体で保育の質が向上されていく。

(6) 発達検査・知能検査

　発達の遅れやアンバランスさが気になる子どもに対して，発達状態を客観的に把握するために**発達検査**や**知能検査**が実施される。発達検査とは，発達を認知・学習能力，身体運動，言語・社会的能力などの領域別に検査して，同じ年齢の子どもと比べてどの程度発達しているか（個人間差）を調べる検査である。例えば，「新版K式発達検査2001」，「KIDS乳幼児発達スケール」などがある（表6.3）。次に，知能検査とは，知能の個人間差に加えて，個人の中での知能領域のバランス（個人内差）を調べる検査である。例えば，「WPSSI-Ⅲ知能検査」，「田中・ビネー知能検査Ⅴ」などがある（表6.4）。

　これらの検査は，病院，市区町村の保健センターや教育相談センター，園への**巡回相談**などで実施される。検査者は公認心理師や臨床発達心理士などであり，保育者が検査をすることはほとんどない。とはいえ，検査結果を踏まえて支援計画を立てるため，保育者も検査結果の考え方を理解しておくことが大切である。検査結果は知能指数（IQ）や発達指数（DQ）などの客観的な数値で示されるが，検査場面では子どもが緊張して普段の力を発揮できないことも多い

---

7) Schön, D. A. (1983) *The reflective practitioner: How professionals think in action*, Basic Books. (＝2001，佐藤学・秋田喜代美訳『専門家の知恵—反省的実践家は行為しながら考える』ゆみる出版)

表6.3　発達検査の種類と特徴

検査名	適用年齢	評価領域と実施方法
遠城寺式乳幼児分析的発達検査	0歳−4歳7か月	「運動」,「社会性」,「言語」の3領域からなる項目を,保護者への聞き取りや子どもの観察から評価する。主に心身障害児の発達の診断に使用される。
新版K式発達検査2001	0歳−成人	「姿勢・運動」,「認知・適応」,「言語・社会」の3領域からなる課題を,検査者が子どもに実施する。各領域と全領域で子どもの発達年齢と発達指数が算出できる。
津守式乳幼児精神発達検査	0歳−7歳	基本的に「運動」,「探索」,「社会」,「生活習慣」,「言語」の5領域からなる項目を,検査者による養育者との面接や,保育者の観察から評価する。
KIDS乳幼児発達スケール	0歳1か月−6歳11か月	「運動」,「操作」,「理解言語」,「表出言語」,「概念」,「対子ども社会性」,「対成人社会性」,「しつけ」,「食事」の9領域からなる質問項目に,日頃から子どもをよくみている人が評定する。

表6.4　知能検査の種類と特徴

検査名	適用年齢	評価領域と実施方法
田中ビネー知能検査V	2歳−成人	年齢級別(1歳−13歳級)の問題を検査者が子どもに与え,問題の総得点で子どもの知能が何歳何か月に相当するかを評価する。14歳以上では,「結晶性」,「流動性」,「記憶」,「論理推理」の4領域で知能の個人内差を診断できる。
WPPSI-Ⅲ(ウェクスラー式知能検査)	2歳6か月−7歳3か月	検査者が子どもに問題を与えて知能の個人内差を診断する。3歳11か月までは「言語理解指標」,「知覚推理指標」,「語い総合得点」から知能を評価し,4歳以降は「処理速度指標」も加わる。全検査の知能指数(IQ)も算出できる。
K-ABC-Ⅱ	2歳6か月−18歳11か月	主に学習支援を目的に使用される。検査者はイーゼル(問題掲示板)を用いて子どもに問題を与え,認知処理過程である「認知尺度」(継次,同時,計画,学習),知識・技能の習得度である「習得尺度」(語彙,読み,書き,算数)から評価する。

ため，数値だけを鵜呑みにして子どもを評価してはならない。検査中の子ども
の様子や，園や家庭でみられる普段の子どもの姿などを総合的に判断して，
子どもの発達状態を査定する必要がある。

3. 教育相談

(1) 教育相談とカウンセリングマインド

　教育相談は，「児童生徒それぞれの発達に即して，好ましい人間関係を育て，
生活によく適応させ，自己理解を深めさせ，人格の成長への援助を図るもの」
と定義されており，[8]子どもやその保護者を相談対象としている。園での教育相
談は，相談室での面談だけでなく，子どもとの何気ないかかわりや送迎時の保
護者との立ち話の中で行われることが多い。

　教育相談を行う際に求められる保育者の態度は，**カウンセリングマインド**と
呼ばれる。カウンセリングマインドは，**C. ロジャース**（Carl Ransom Rogers）
が提唱した**来談者中心療法**での態度であり，無条件の肯定的関心（相談者のど
んな感情や行動も否定せず受容する），共感的理解（相談者の視点に立って相談者の
内的世界を正しく理解する），自己一致（話を聴く人が自分の経験・感情のすべてを
受け入れて率直な気持ちでいる）が必要とされる。[9]

(2) カウンセリングの技法

　保護者は子育ての中で「自分の育て方に自信がもてない」「他の子と比べて
うちの子はできないことが多い」など，沢山の悩みを抱えている。例えば，表
6.5の保育者と母親の会話をみてほしい。母親は，言うことを聞かないD男（5
歳児）とのかかわり方について悩んでいる。以下では，子どもや保護者に安心
して相談してもらうためのカウンセリング技法について解説する。

---

8)　文部科学省（2011）『生徒指導提要』p.99
9)　高野越史（2019）「カウンセリングマインド」谷田貝公昭編集代表『改訂新版　保育用
　　語辞典』一藝社，p.53

表6.5　D男（5歳児）の母親と保育者のやりとり

母親	D男は言うことを聞かず困っていて…何を言ってもダメなんです。
保育者	D男くんが言うことを聞かずに困っているのですね。(繰り返し)
母親	そうなんです，つい怒鳴ってしまうこともあって。D男はこのままで大丈夫なのか心配だし，しっかりさせたいのだけど，どうしたらよいのか…私が悪いのかな…。
保育者	<u>つらい気持ちですよね。(感情の明確化)</u> いけないとわかっていても，<u>D男くんのことが心配だからこそ，子どもに対してきつくなってしまうのですね。(意味の明確化)</u> ついカッとなってしまうことは誰でもありますし，こうやってD男くんのことを心配して話して下さったのですから，<u>ご自分のことを責めすぎなくても大丈夫ですよ。(支持)</u>
母親	自分も忙しいとつい…怒鳴ってはいけないとわかっているのですが。
保育者	<u>例えばどんなことでD男くんに注意したのですか？(質問)</u>
母緒	ご飯の時間になって「ごはんだよ」って呼びかけても，ずっと遊んでいて片づけをしなくて，その時も頭ごなしに…。
保育者	<u>ついきつく注意してしまったのですね。(事実の明確化)</u> そしたら，まずはD男くんが理解しやすいように，片付けの指示を具体的にしてみてはどうでしょうか？

①繰り返し

　繰り返しは，相手の言葉を要約して正しく言い返す技法である。繰り返しをすることで，「自分の話をきちんと聞いてもらえている」という相談者の気持ちを高めることができる。さらに詳しく話を聴きたい場合は，疑問形にして繰り返すことも可能である。繰り返しは，単にオウム返しをするのではなく，相談の焦点を絞るために意識的に繰り返す言葉を選択して行うことが大切である。

②明確化

　明確化は，相談者が明確に意識できていない気持ちや上手く言葉に出せない内容を，相手に代わって言葉で表現する技法である。明確化する内容は，相談者の「感情」，その感情が生じた「意味」，相談内容の「事実」などである。明確化を通して，相談者自身が自分の気持ちと向き合うことを促していく。しかし，倫理的に望ましくない感情や事実の明確化は，保育者と信頼関係がない状態で行うと，相談者の抵抗感を高めるリスクがあるので注意が必要である。

③支持

支持は，相談者の言動や思いを共感して肯定する言葉かけである。支持によって，相談者は「共感してもらえた」「自分は大丈夫なんだ」と感じて肯定感を高めていく。このとき，相談の聴き手は，カウンセリングマインドの自己一致に基づき，相談内容のどの点で支持できるのかを吟味して，適切に伝えていかなくてはならない。

例えば，表6.6の母親は「私が悪いのかな」と話していた。もし保育者が「子どもを怒鳴ることは悪い」と考えていれば，「お母さんは悪くない」と支持することは嘘になる。そのため，相談をしてくれた母親の姿勢を認めることで「ご自分のことを責めすぎなくても大丈夫ですよ」という支持の言葉かけをした。

④質問

質問は，相談者の思いや話のエピソードを深く知るための問いかけである。開かれた質問（オープン・クエスチョン）は「何を」「誰が」「どこで」「いつ」「なぜ」「どのように」の5W1Hで尋ねる質問である。これは，相談者から詳細な回答が得られるという利点があるが，相談者は自らの体験や思いを言語化して答えなくてはならないため，回答の負担が大きい。閉ざされた質問（クローズド・クエスチョン）は「はい／いいえ」など限定された返事で答えられる質問であり，開かれた質問よりも回答の負担は少ない。

教育相談では傾聴が基本姿勢であるため，質問ばかりをしないように注意する必要がある。なお，子どもに質問する場合，開かれた質問では自分の言葉で上手く答えることができない場合がある。閉ざされた質問でも，子どもには大人の質問の意図を十分に理解しないまま「はい」もしくは「いいえ」のどちらかに偏って答えてしまう反応バイアスが生じる[10]。質問をする時は，相談者の状態にあわせて，尋ね方や使用する言葉を工夫する必要があるだろう。

---

10) 大神田麻子（2010）「就学前児における反応バイアスの発達的変化」『心理学評論』53,
　　pp.545-561

⑤非言語的コミュニケーション

　非言語的コミュニケーションとは，表情，視線，身体の向き，話し方，身振りなど，言葉以外の手段で情報を伝えることである。これらの非言語的な要素は，言葉の内容以上に，相談者の受容感や信頼感に影響する。

　例えば，話を聴く人が，目線を合わさず下を向き，落ち着きなく手先を動かしていたら，相談者は「話を聴くのが嫌なのかな」と感じるだろう。また，相談者が真剣に話している時に，ニヤニヤした表情で聞いていれば，相談者を不愉快な気分にさせてしまう。他にも，話を聴く人の言葉かけが早口で強い口調だった場合も，相談者に圧迫感を与えてしまう。

　相談者の中には，自分の思いが整理できず，すぐに言葉にできない者もいる。そのため，微笑みと温かい目線で見守りながら，相談者が安心できるようにゆったりとした時間を設けることが必要である。話を聴く人が丁寧に傾聴してうなずいたり，タイミングよく相づちをすることは，「もっと相談したい」という相談者の気持ちを高めることにもつながる。

　最後に，保護者の中には「保育者が忙しそう」，「自分が咎められそう」などの理由から悩みを話せない人もいる。保育者は日頃から子どもの成長を保護者に伝えつつ，温かい態度を心がけて相談しやすい関係を築くことが大切である。

［小川翔大］

📝 課題
・本やインターネットで，実際に記入された保育記録を探してみよう。
・子育ての不安や困ったことについて，親や身近な人に尋ねてみよう。

📖 推薦図書
【漫画】深見じゅん（1995〜2015）『ぽっかぽか』（文庫版，全15巻）集英社
【DVD】大宮浩一監督（2017）『夜間もやってる保育園』東風

参考文献

神長美津子・塩谷香 (2018)『わかりやすい！平成30年改訂幼稚園・保育所・認定
こども園「要録」記入ハンドブック』ぎょうせい

文部科学省 (2019)『幼児理解に基づいた評価』チャイルド本社

第7章
保護者や地域との連携・協働

　子どもにとって豊かで質の高い保育を行うためには，保育に対する保護者からの十分な理解と家庭との緊密な連携が必要不可欠である。園が保護者と協力し子どもを育てていくことにより，保護者も親として成長していく。また最近では親子のニーズが多様化しており，園だけでの対応が難しい場合も多く，地域の専門機関と積極的に連携・協働する必要がある。

1. 園と保護者の連携に向けた取り組み

(1) 保護者との連携の意義

　みなさんは，保護者が園と関わる機会として，どのような場面を思い浮かべるだろうか。毎日の子どもの送迎，運動会や発表会などの行事への参加，園庭整備などの保護者によるボランティア活動の他に，個々の子どもの連絡帳や園だより・クラスだより，個人面談などを通じた情報共有などがあるだろう。園では，これらの機会や方法を通じて，保護者が園の保育について理解を深め，子どもの成長の喜びを感じられるように努めている。一方，保護者は，子どもが園で楽しく，充実した気持ちで過ごしているかどうかや，友達と仲良く遊んでいるかどうかが気になることだろう。しかし，そうした園での子どもの様子は，保護者からはわかりにくく見えづらい。保護者の知りたい情報だけでなく，園から知らせたい情報をわかりやすく保護者に伝えることによって，園と保護者の信頼が高まり，子どもにとってより質の高い保育が提供できるようになる。そのため，園には，保護者が園の理解を深めていけるように発信の仕方を工夫することが求められている。

(2) 子どもの遊びの意味を伝える保育者の役割

　子どもは遊びを通してさまざまな環境に自ら積極的に関わり，試行錯誤を繰り返しながら，身のまわりのさまざまな事象について理解を深めていく。そして友達と遊ぶ楽しさや難しさを経験しながら，少しずつ多様な他者とともに協力し生活することを理解していく。保育者は，一人ひとりの子どもの遊びの意味を読み取り，小さな育ちに気づいてそれを支えている。子どもの遊びで今，何が育っているのかを的確に読み取り，それに応じて関わっていくことが保育者の専門性といえる。一方，保護者が，子どもの楽しそうに遊ぶ姿から，何が育っているのかを読み取るのは難しい。遊びの意味を保護者にわかりやすく伝える存在が，保育者である。

(3) お便り・連絡帳

　クラス便りや園便りなどは，広く保護者に向けて保育の様子を伝えるために有効である。遠足や運動会，誕生会などの園行事，夏の水遊びや秋の芋掘りなど季節の活動の他，保育で必要となる物を家庭に用意してもらう時や，その年齢特有の子どもの育ちについて保護者に知らせておく必要があるときなどに作成される。最近では，園業務のICT化に伴い，インターネットを通じた保護者と園の双方向型のお便りも作成されようになっている。

　個々の子どもの育ちを保護者に伝える方法の一つに，**連絡帳**がある。連絡帳は，日々，家庭と園とを往復しながら，子どもの様子を伝え合い，互いに情報を共有するものであり，一人ひとりの子どもに関する詳細な保育の記録である。この連絡帳には，食事の量や時間，排泄，睡眠，体温などの子どもの健康に関わる情報だけでなく，子どもがどんな遊びをしたのか，どんな育ちが見られるのかなどの，子どもの心の育ちについての記録もある。保育者は温かいまなざしで子どもの日々の生活や遊びを記録するとよいだろう。保護者は，連絡帳を通して，わが子に対する保育者の愛情を感じ，喜びと安心とともに保育者に対する信頼も抱くようになる。

(4) ポートフォリオ

　連絡帳は主に文字による記録であるが，写真や映像を使い保育者の解説を加えて発信する方法として，**ポートフォリオ**や**ドキュメンテーション**がある。

　ポートフォリオは，一人ひとりの子どもの成長の記録になるものである。保育中の写真を撮りためて，それを一冊に綴り，家庭にも持ち帰ることができるため，普段なかなか園へ来られない家族が，園での子どもの様子を写真から知ることができ，家族で子どもの成長を喜び合うことができる。子どもにとっても家族に囲まれる嬉しい時間となる。また保護者が家庭での写真を貼ってコメントを書き込み園へ渡すという，家庭と園の双方向型のポートフォリオを作成している園もある。

　ドキュメンテーションは，集団での遊びが時間を追ってどう変化・発展していったのかという遊びの過程を，保護者にわかりやすく伝えることができる。図7.1は，5歳児が「どろけい」をして遊んでいる様子である。時間の経過とともに，「どろけい」の遊びが変化していき，その中で子どもたちがどのような経験をしているのかを保育者がわかりやすく伝えている。このように写真や

図7.1　ドキュメンテーションの例「どろけい」

（資料提供）千葉大学教育学部附属幼稚園

映像を用いたポートフォリオやドキュメンテーションは，わが子がどんな遊び
を誰としているのか，その時の表情や雰囲気を保護者に伝えることができる。
保護者は子どもの充実した保育生活を知ることができるため，園の保育に信頼
をもてるようになる。

2. 保護者が保育に参加する取り組み

(1) 保育参加

　近年，保護者が直接園の保育に参加する取り組みが行われるようになってお
り，**保育参加**とよばれる。以前は保育参観として，保護者が子どもと保育者の
様子を傍らでみている形態のものがほとんどであったが，現在は，それとは異
なる取り組みとして，保護者が「お父さん先生」「お母さん先生」などとして
実際に保育に参加し，保育を体験する取り組みが行われている。保育参加は，
保護者が1日間，「お父さん先生」「お母さん先生」としてわが子だけでなく他
の子どもとも関わりながら，保育の準備や片付けなども行い，園の保育に参加
する[1]。この取り組みを通して，保護者は家庭では見られないわが子の姿に気づ
いたり，わが子の育ちを客観的に理解したりする。また「先生」として子ども
と関わる中で保育者の専門性に気づいたり，保育者のたいへんさに共感したり
して，保育に対する理解が深まっていく。いわば，外側からはなかなか見えに
くい保育を，保護者が保育の内側から体験することによって，子どもの面白さ
や保育の魅力，保育者の専門性への理解を深めることができるのである。

(2) 保育参加の実際

　実際に，保育参加を経験した保護者がどのような感想をもっているかを見て
みよう。保護者の感想には，子どもの成長の喜びや保育者に対する感謝などが

---

1) 厚生労働省 (2019)『子どもを中心に保育の実践を考える〜保育所保育指針に基づく保
　育の質向上に向けた実践事例集』pp.43-46

書かれており，保護者が保育参加してよかったと感じていることがわかる。保育者にとっても，保護者からのこうした感想はかけがえのない喜びとなり，充実した気持ちになることだろう。

10/2午前中参加して
　朝，星組のお部屋に入ると子ども達が話しかけてきてくれ，クラスの子どもの名前と顔がだいたい一致したのでよかったです。お弁当をいっしょに食べて他のおうちのお弁当がとても参考になりました。
　私はおもに外遊びをしている子たちと一緒に遊びましたが，各々好きな遊びを通していろいろな体験ができて本当に良い環境だなと思いました。自分の子どもの普段の様子がとてもわかって良かった半面，ショックでした。また参加して幼稚園での様子を見たいと思います。

　有難うございました。当日は制作にも参加し，子ども達がそれぞれ自分なりに集中して真剣な表情で取り組んでいる姿に成長を感じることができました。出来上がった作品も個性が出ていて見ていて楽しく思いました。またお弁当の時間に難航していたと思われる「班の名前」を決定する瞬間に立ち会えたのですが，皆がそれぞれの意見を尊重しあいながら話し合いで少しずつ譲歩し，全員が「賛成」と手を挙げる姿にたいへん感動しました。家の中で弟と話し合いという名の「ケンカ」をしている時とは全く違う顔を見ることができました。本当にありがとうございました。

　先日はお世話になりました。
　A子は，私が保育参加しても，別のことをして遊んでいました。こうやって成長して離れていくのかなあと寂しい感じがしました。
　ここ最近は，幼稚園も楽しみにしていて，毎日「明日は……して遊ぶんだよ〜」と何度も話してきます。お弁当も毎日全部食べて帰ってきます‼私もうれしいです。先生もたくさんの子ども達に話しかけられて，笑顔で対応している姿を見て本当にすごいと感心させられました。いつもながらエネルギッシュでパワフルですね。私も頑張らないと‼本当に心より感謝申し上げます。

（資料提供）千葉大学教育学部附属幼稚園

3. 保護者の子育て支援

(1) 子育て支援の基本的姿勢

　園で行う保護者への**子育て支援**は，大きく，在園児の保護者に対する支援と地域で子育てしている保護者に対する支援の2つに分けられる。どちらの保護者に対する子育て支援においても共通して大切なことは，保護者がもっている子育てを自ら実践する力を高めていけるようにすることである。[1]そのためには，家庭の状況がそれぞれ異なることを前提に，保護者の気持ちを受け止め，信頼関係をもとに，保護者の自己決定を尊重することが大切となる。保育者は保護者からの相談に応じ，子育ての助言を行う中で，「～してみてはどうでしょうか」「～すると良いかもしれません」などと保護者に提案することも多い。しかし，その提案が受け入れられず，改善されないと感じることも多い。そのようなときには，「どうして保護者はこちらがせっかく提案したことをしてくれないのだろう」と疑問に感じたり，やりきれない気持ちになったりすることもあるかもしれない。しかしその時に立ち返って欲しいのが**「保護者の自己決定の尊重」**という言葉である。この言葉には，虐待などの場合を除き，保護者の人生の主人公は保護者であり，最終的には保護者自身が決めること，それを尊重することなくして子育て支援は成り立たないことが示されている。保護者自身が子どもと保護者にとってより良い選択ができるようにサポートすること，それが子育て支援である。

　保育所保育指針には，子育て支援の基本的事項として，保護者が子どもの成長に気づき，子育てに喜びを感じられるように努めることが示されている。これは，子育て支援が保護者の子育てを代行することが目的ではなく，保護者が子どもと関わりながら子どもの成長を実感し，子育ての喜びを感じられることが大切であることを示している。したがって，保育者は，子どもの笑顔やしぐさに気づき，子どもの成長を具体的に伝え，保護者とともに共有し喜び合うこ

---

1)「保育所保育指針」「第4章子育て支援」を参照。

とを子育て支援の中心に据えて行う。前述した保護者への連絡帳，ポートフォリオやドキュメンテーション，保育参加などは，まさにこうした子育て支援の原則に立った中で行われている。

(2) 親になる過程をともに歩む

子どもが生まれると親は生物学的に親となる。しかし，そのことと心理的に親になることは違う。心理的には，保護者は皆，子育てを通して少しずつ，親になっていくのである。日々の子育ての中で，楽しいこと嬉しいこと，悲しいこと苦しいことを繰り返しながら，子どもと生活する喜びと尊さを実感しながら，時間をかけて親になっていく。図7.2に示すように，保護者は子育てで楽しさや充実感をもつ一方で，時間に追われる苦しさやどうしたらよいかわからなくなる経験もする。保護者は子育てで肯定的な気持ちと否定的な気持ちの両方を経験する。それゆえ子育て支援では，保護者に寄り添い，保護者とともに

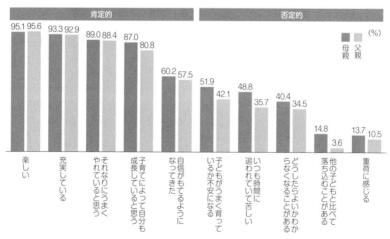

※「とてもあてはまる」＋「まああてはまる」

図7.2　子育てに対する気持ち

(出所) 東京大学大学院教育学研究科附属発達保育実践政策学センター (Cedep)・ベネッセ教育総合研究所 (2017)「速報版　乳幼児の生活と育ちに関する調査0-1歳児編」p.11 https://berd.benesse.jp/up_images/research/［0615］2018_Nyuyouji_tyosa_web_all. pdf (2019年9月5日閲覧)

歩む姿勢が求められる。初めての子育てでわからないことや不安に思う保護者の気持ちに共感的に応じながら，不安や戸惑いを軽減するようにする。

(3) 保護者の子育てを支えるネットワーク

　保護者の親としての歩みは，子どもが生まれた後，成人するまで続く長い道のりである。子どもが乳幼児期を過ごす保育所や幼稚園，認定こども園などは，子育ての最初の時期である。また乳幼児期は子どもの発達にとって極めて重要な時期であることから，保護者の子育てをどう支援していくかはとても重要である。しかし保育所や幼稚園，認定こども園の保育者がいつでも保護者の相談に対応できるわけではない。一方，保護者の子育ては，昼夜問わず，24時間365日の営みである。それゆえ図7.3に示すように，配偶者や親族（子どもにとっての祖父母やおじ・おばなど），友人などに手伝ってもらったり，相談したりし

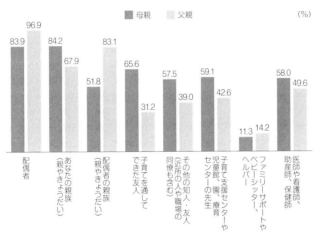

※「とても頼りになる」＋「まあ頼りになる」

図7.3　子育てで頼りになる人

（出所）東京大学大学院教育学研究科附属発達保育実践政策学センター
　　　（Cedep）・ベネッセ教育総合研究所（2017）「速報版　乳幼児の生活
　　　と育ちに関する調査0-1歳児編」p.15　https://berd.benesse.jp/up_
　　　images/research/ ［0615］2018_Nyuyouji_tyosa_web_all.pdf（2019
　　　年9月5日閲覧）

ている。こうした保護者の周りにいる人々とのつながりは，保護者にとって子育ての重要な人的資源であり，**子育てのネットワーク**である。

(4) 母親同士の関係作り

わが国においては，子育てにおける母親の負担がきわめて大きい。一方で，父親が子育てに関わる時間が長いほど，母親の子育ての負担感が軽減されることも多くの研究から指摘されている。母親が最も頼りたい相手が配偶者である父親であっても，十分に頼れない状況が母親の子育ての負担を深刻にしている。こうした配偶者や親族のサポートを十分に受けられない状況の母親にとって，母親同士の友人関係は，子育てに有効なネットワークとなる。そのため園の子育て支援では，直接，母親の相談に応じるだけでなく，母親同士で子育てについて話したり，共感したりする中で，互いに支えあえるように，母親同士の良好な関係作りも行っている。

4. 地域との連携

(1) 地域の多様な保育施設

図7.4に示すように地域には多様な団体や施設，専門機関などがある。保育所や幼稚園，認定こども園のほかに，**小規模保育**や**家庭的保育**といった定員の少ない保育施設もある。保護者の生活スタイルや勤務形態の多様化に伴って，保育施設も多様化している。小規模保育や家庭的保育は，基本的に3歳未満児を保育し，少人数で家庭的な雰囲気に近い保育を行っている。子どもが入園してから卒園するまで，同じ保育者が担当する園も多く，保護者にとってはわが子のことを良く知っている保育者が数年間継続して保育するため，相談しやすく安心感がある。一方，課題として，3歳児以上になると，小規模保育や家庭的保育を卒園し，保育所や認定こども園に移らなければならないことが挙げられる。子どもにとって園の移行は，場所や建物が変わるだけでなく，友達や保育者が変わるなど大きな転機となり負担も大きいため，子どもを受け入れる園

と子どもを送り出す小規模保育や家庭的保育を行う施設は，事前に十分に情報共有し，日ごろから連携を図っておくことが重要である。

(2) 地域の専門機関との連携

　保護者の精神疾患，児童虐待など，園だけでは対応が難しい事例も多い。まずは園での対応を話し合い，困難であると判断される場合には，速やかに地域の専門機関と連携し対応していくことが求められる。地域の専門機関とつながることによって，親子がさまざまな専門的支援を受けられるようになるだけでなく，子どもが小学校へ入学後も継続して支援を受けられるようになるなど，長期的な支援が可能となる。親子への支援は，「面」と「線」，つまり支援の多様な広がりと時間的継続の両面で考えていく。

　特に虐待を受けている子どもや保護者の養育が不十分である子どもなどの**要保護児童**は，早期発見と適切な保護が重要である。**要保護児童対策地域協議会**

図7.4　保育所を取り巻く地域の施設・団体など

（資料）小泉左江子（2015：170）
（出所）實川慎子（2019）「第1章　保育者の役割」「最新　保育士養成講座」総括編集委員会『最新保育士養成講座第9巻　保育専門職と保育実践』全国社会福祉協議会，p.31より作成

ではさまざまな専門機関でネットワークを作り，それぞれの専門性を発揮しながら，親子への支援を行っている。要保護児童対策地域協議会には，園，役所，児童相談所，警察，病院，保健センターなどの多様な機関が関わり，親子に関する情報共有と迅速な支援の提供を行っている。

(3) 地域の人材と子どもの関わり

　園と地域とのつながりとして，高齢者グループやボランティアとのつながりがある。近年，**核家族化**や**地域コミュニティの弱体化**とともに，子どもが祖父母の世代など，多様な世代と交流する機会が減少している。そのため，「地域には多様な人たちがともに生活しているのだ」という，当たり前のことに対して，子どもの実感が薄くなっている。多様な生活習慣や文化をもった人たち，障害のある人などに対して，自然体でかかわり，社会をよりよいものにしていくためには，幼児期からの多様な人との交流が不可欠である。

　再び図7.4を見てみよう。園を取り巻くさまざまな団体や施設の中に，**子育てサークル**が含まれている。子育てサークルは「子育て中の親たちが子どもを連れて集まり，子ども同士遊ばせながら，学習や情報交換をしたり，運動会やクリスマスなどの行事を協同で実施したりするグループ[2]」である。園で行う子育て支援では，園が企画し，そこに保護者が参加するという形態が多く，保護者の主体的活動の場となりにくい面がある。しかし，子育てサークルは保護者が互いに協力し合い，それぞれの特技を生かしながら運営しており，保護者のもっているさまざまな力が発揮されやすい。また子育てサークルでは，保護者の「親」以外の顔も見えやすく，保護者自身が自分のキャリアを見つめ直す機会ともなる。一方で，子育てサークルはボランティア団体も多く，運営にかかる費用や活動場所の確保などの難しさが課題である。そのため園には，**地域子育て支援拠点事業**として，地域の子育てサークルへの活動場所の提供や情報提供などの積極的支援を行うことが求められる。園が子育てサークルの活動を支

---

2) 厚生省（1998）『厚生白書（平成10年版）』

援することにより，保護者同士の支え合いが可能となり，地域の子育て力の向上が図られるのである。

［實川慎子］

✏️ 課題

・子育て中の父親・母親は，平日・休日をどのように過ごしているだろうか。就労している親と家庭で子育てしている親についてそれぞれ調べてみよう。どんな共通点や相違点があるだろうか。

・子育てに関する保護者からの相談で多いのはどのようなことだろうか。保育者として保護者から相談を受けた場合，どのように応えるとよいだろうか。グループで保護者役と保育者役に分かれて話し合ってみよう。

📖 推薦図書

【書籍】丸亀ひまわり保育園・松井剛太（2018）『子どもの育ちを保護者とともに喜び合う：ラーニングストーリーはじめの一歩』ひとなる書房

【書籍】汐見稔幸，新田新一郎責任編集（2018）『汐見稔幸 こども・保育・人間（Gakken保育Books）』学研プラス

参考文献

浅井勇貴・岡本東・堀川三好・菅原光政（2010）『幼稚園を対象とした子育て支援システムの構築と運用』『研究報告情報システムと社会環境』(IS) 111 (13)，pp.1-8

池本有里・山本耕司（2018）「保育業務のICT化における課題とその解決を目指す支援システムの構築」『四国大学紀要』(50)，pp.49-61

小泉左江子（2015）「保健・医療機関，家庭的保育，地域子育て支援等との連携」公益社団法人児童育成協会監修，寺田清美・大方美香・塩谷香編『基本保育シリーズ⑯ 乳児保育』中央法規出版

第8章
幼児教育・保育を支える理論と実践
―コメニウスからデューイまで

　本章では，幼児教育・保育の歴史を概観する。そのうえで，幼児期の教育・保育に大きな影響を与えた欧米の思想家5人に焦点をあて，彼らの生涯と思想（教育理論）および業績等を紹介するとともに，その実践を取り上げる。また，幼児期の教育がなぜ国の施策の表舞台に立つかについても考える章としたい。最後に，歴史的流れの中に**教育理論**を学ぶことの意義を通じて，現代の教育・保育の課題を整理し，未来を展望する。

1. わが国の幼児教育・保育の歴史

　「**教育基本法第11条**」について言及するまでもなく，幼児期の教育は，生涯にわたる**人格形成の基礎**を培うものとして重要な意義をもつ。洋の東西を問わず，幼児期の教育・保育の必要性や意義，その在り方等が問われ論じられている。それでは，日本の幼児教育・保育はどのように発展してきたのか。また，歴史の中で，子どもはどのような存在としてどのように語られてきたのであろうか。歴史を探ることから教育・保育を考えてみよう。

(1) 世界初の幼稚園・保育所

　就学前教育・保育はどのようにはじまったのだろうか。

　世界で初めて作られた保育所は，1779年，フランスにおいてオーベルラン（J.F. Oberlin, 1740-1826）によって設けられた幼児保護所（Kleinkinderbewahranstalt）である。同様に，**世界初の幼稚園**（Kindergarten）は，1840年，ドイツにおいて**フリードリッヒ・フレーベル**（F.W.A. Fröbel, 1782-1852）創設によるも

のであったことは，広く知られている[1]。詳細は，後節で述べるが，フレーベル
は，教育史において幼稚園教育の創始者として登場する。

(2) わが国の就学前教育と保育のはじまり

　近代学校制度を定めた学制が1872（明治5）年に公布され，その4年後の1876
年に，わが国最古の現存する幼稚園，東京女子師範学校（現在のお茶の水女子大
学）附属幼稚園が創設され，幼稚園教育は中上流層の幼児教育施設として本格
的にスタートする。フレーベルによる幼稚園の誕生から30余年後のことである。
同年，同師範学校訓導兼副舎監の豊田芙雄子が，附属幼稚園の保母に任命され，
わが国の保母第一号となる。同幼稚園の最初の首席保母となったドイツ人女性
の松野クララもまた，フレーベル主義の幼稚園教育の導入に尽力した人物であ
る[2]。併せて，大正から昭和にかけて，わが国の幼児教育界の指導的立場にあっ
た**倉橋惣三**（1882-1956年）は，1917年，東京女子高等師範学校教授，同附属幼
稚園主事を長く務めるとともに，日本保育学会を創設し，生涯を日本の幼児教
育の発展に尽くした人物である。その功績は保育・教育の歴史の中で高く評価
されている。

　一方，保育所のはじまりは，労働者層の幼児の保育施設として託児所（保育
所）が成立するという幼稚園とは異なる歴史的経緯がある。1890年に最初の託
児所が，赤沢鐘美・ナカ夫妻によって新潟県内に設けられた私塾「私立静修学
校」に併設された託児施設であったとされている。この施設は，赤沢保育園と
呼ばれ，今なお，保育の灯が引き継がれ，地域には同園の卒園生が少なくない
という[3]。その10年後，1900年，野口幽香・斎藤（森島）峰らが四谷のスラム街
に「二葉幼稚園」を開設する。なお，1916（大正5）年には，この「二葉幼稚
園」は，「二葉保育園」に改名している。

---

1) 保育士養成講座編纂委員会編（2012）『新教育原理』全国社会福祉協議会，p.60
2) 湯川嘉津美（2011）「日本における幼児教育の系譜」永井聖二・神長美津子編『幼児教
　　育の世界』学文社，p.17
3) 新潟女性史クラブ（1989）『雪華の刻を刻む』ユック舎，pp.12-13

(3) 幼児教育・保育の歴史的二元体制

　既述のようにわが国では，明治以降，幼稚園と保育所が，文部省と内務省という管轄官庁が異なる二種の保育機関として発展していくことになる。ちなみに，2019年現在は，幼稚園が文部科学省，保育所が厚生労働省の**二元体制**に加えて，2006年からスタートした教育・保育を一体的に展開する施設の認定こども園は内閣府の管轄となっている。さらに，2012年の「就学前の子どもに関する教育，保育等の総合的な提供の推進に関する法律」の一部改正により，幼稚園と保育所の双方の機能をあわせもつ「第三の施設[4)]」として，「**幼保連携型認定こども園**」が創設され，学校および児童福祉施設としての法的位置づけがなされている。

　今日，就学前のほぼすべての児童が，幼稚園（該当年齢人口101.7万人：2018年43.9万人，43.2％：以下同様）または保育所等（41.4万人，40.7％）または幼保連携型認定こども園（14.7万人，14.4％），他（推計未就園児1.7万人，1.7％）に通園（所）等をしていることが公表されている[5)]。

　また，近年，社会状況の変化により，幼稚園就園率が減少傾向を辿る一方，保育所や認定こども園が多く選択されるという変化傾向が見られる。就学前5歳児の利用状況を文部科学省『学校基本調査』「進学率の推移」でみると，幼稚園就園率は（2015年53.5％→2018年44.6％）3年間で8.9ポイント下降し，幼保連携型認定こども園就園率は（統計を取り始めた2016年度6.9％→2018年度11.9％）2年間で5ポイント上昇している。

　先進国は一元化された保育制度をもつ国が多い。しかしながら，わが国の場合は，既述のように幼稚園と保育所はそれぞれ約150年の歴史をもっている。それゆえに，従来の二元体制から**幼保一元化**というよりむしろ，歴史と伝統発展のうえに根ざした制度変更の模索が求められよう。

---

4) 湯川嘉津美 (2008)『日本大百科全書』小学館，https://japanknowledge.com/introduction/keyword.html?i=847（閲覧日20190927）
5) 内閣府 (2019)『令和元年版少子化対策白書』「保育園と幼稚園の年齢別利用者数及び割合各年度版」p.68

2. 欧米の幼児教育・保育を支える理論と実践（その1）

(1) 「近代教育学の父」コメニウスの教育理論

①コメニウスの生涯と業績

　まず，ヨハン・アモス・コメニウス (Johannes Amos Comenius, 1592-1670) から入ろう。彼は，幼児教育に本格的に取り組んだフレーベルやモンテッソーリに先んじて，幼児教育の原理を論じた先駆者である。

　「近代教育学の父」として知られることになる17世紀の教育思想家，コメニウスは，チェコのモラビアの裕福な製粉業者の家に生まれたが，10歳の時に父を，その後相次いで家族を失い12歳で孤児となる。叔母に養育され，ヘルボルン大学で神学を学ぶとともに，ドイツ留学を経て，初等学校の教師となる。そして校長としての職を得るも，三十年戦争で妻と二人の子を失う辛い経験をする。イギリスやポーランドに避難する時期もあったが，その間に『大教授学』や視覚的に理解させるため作った絵入り教科書『世界図絵』などを著し，78歳，オランダで客死する。

②コメニウスの幼児教育論

　次にコメニウスの幼児教育論を『母親学校の指針』(以下，『指針』) 等の中に探ろう。

　コメニウスは，学校教育の必要性について，主著『大教授学』[6]の第27章の中で，体系的で階梯的学校制度を，表8.1のように4段階に区分している。これは教育史上初ともいえる極めて先見的なものである。

　特に，幼児教育については，『大教授学』の第28章「母の学校の理念」として，「人間の全生涯に於いて必要となるすべてのものは，早くこの最初の学校に於いてこれを植えつけねばならない」[7]と述べ，幼児教育の重要性を強調して

---

6) コメニウス著　鈴木秀男訳 (1962)『大教授学2』明治図書出版，pp.94-99
7) コメニウス著，稲富栄次郎訳 (1975)『大教授学』玉川大学出版部，p.344

表8.1　コメニウスの学校体系の4区分

段階	期	年齢	学校	具体的な場所
第1段階	幼児期	6歳まで	母親学校	家庭での母親の膝
第2段階	少年期	12歳まで	基礎学校	村の公立国語学校
第3段階	青年前期	18歳まで	ラテン語学校	都市のギムナジウム
第4段階	青年後期	24歳まで	大学	王国や邦のアカデミー

(出所) 乙訓稔 (2010)『西洋近代　幼児教育思想史［第二版］』東信堂, p.8を参考に作成。

いる。

　それでは，コメニウスは，幼児期の教育の目的をどのように構想したのだろうか。第1段階の幼児期について，体系的に論じている『指針』で探ってみよう。彼は，6歳になるまでに子どもたちに教えなければならないこととして，①宗教教育（敬虔な心），②徳育（作法と品性），③知育（実践的知識）の3点をあげている。さらに，同書の第4章から第10章において，幼児教育の指導方法について論じている。そこで，表8.2を用い，幼稚園教育要領等の2017年の改訂（改正）をうけて示された新しい幼児教育のキーワードともいうべき「幼児期の終わりまでに育ってほしい10の姿」(以下，『10の姿』)[8]と対比させながら，コメニウスの主張の理解を深めておこう。

　表8.2に示されるように，誕生から6歳までの就学前教育においては，知識とよき行いと敬虔な心という3つの柱が適用され，それらについて具体的に論述している。例えば，現行の『10の姿』で示された「健康な心と体」は，『指針』では「幼子の健康教育」に対応する。このように，全体でも10項目中9項目で対応していることがわかる。つまり，彼の主張は，世紀を超えて現在にも通じる望ましい幼児教育の姿を示すものといえよう。このようにみてくると，コメニウスは，次項でみるルソーより100年余り前の「子どもの発見」の先駆者であり，子どもの真の理解者という言い方も可能となろう。

8）無藤隆編著 (2018)『幼児期の終わりまでに育ってほしい10の姿』東洋館出版社

表8.2 『10の姿』と『母親学校の指針』・『人間の教育』における教育内容の対比

『10の姿』	『母親学校の指針』	『人間の教育』
1. 健康な心と体 ⇒	第5章 幼子の健康教育	40 心身の発達
2. 自立心 ⇒	第4章 6歳までの教育	28 自立心と探求心
3. 協同性 ⇒	―	―
4. 道徳性・規範 意識の芽生え ⇒	第9章 幼子の作法と品性 第10章 幼子の敬虔な心	― 26 外界の事物
5. 社会生活との関わり⇒	第7章 幼子の行為と作業 能力	―
6. 思考力の芽生え⇒	第6章 幼子の理解力	38 幼児の理解や認識
7. 自然との関わり・生命 尊重 ⇒	第4章 6歳までの教育	39 言葉や自然 幼児期の食物
8. 数量や図形，文字など への関心・感覚 ⇒	第6章 幼子の理解力	38 数概念 描画活動
9. 言葉による伝え合い⇒	第8章 幼子の言語能力	43 言語能力の発達
10. 豊かな感性と表現⇒	第7章 幼子の行為と作業 能力	28 内的な表出や表現　30 遊戯

(出所) コメンスキー著，藤田輝夫訳 (1986)『母親学校の指針』玉川大学出版部，pp.31-103．フレーベル著，荒井武訳 (1981)『人間の教育 (上)』「第2編　幼児期の人間」岩波書店，pp.59-123より作成。

(2)「子どもの発見者」ルソーの教育理論

①ルソーの生涯と業績

　コメニウスから100年後，フランスの思想家ジャン＝ジャック・ルソー (Jean-Jacques Rousseau, 1712-1778) が登場する。ルソーは，今から300年ほど前となる1712年にスイスのジュネーヴで時計職人の次男として生まれる。著書『告白』の中で，[9] 父親は仕事のうえでは巧みな腕をもち，牧師の娘であった母親は賢く美しかったと書いている。しかし，生後まもなく母親が亡くなったため幼児期を叔母に育てられることになる。幸いにも，田園の自然の中での幼少年期の生活は，彼を取り巻くすべての人々から可愛がられて過ごしている。夕食後には決まって父とともにたくさんの歴史書や小説を読みながら育っていく。父親と本を読むことをとおして，読書力と理解力を得たと振り返るが，13

---

9) ルソー著，小林善彦訳 (1986)『ルソー選集1　第1巻』白水社，pp.3-23

歳の時に父と兄が出奔し，それ以来さまざまな庇護者のもとを転々とする生活を送る。その後，アカデミー懸賞論文の当選を機に不遇な状況は一変し，執筆活動等に意欲的に取り組む。やがて，フランスのパリ郊外の小村に移り住み，三大著作とされる『エミール』などを次々に書き上げ，享年66歳で永眠する。

②子どもの発見の書『エミール』

　代表作『エミール』[10]は，『社会契約論』と同じ年の1762年に出版され，当時の社会に強烈な衝撃を与える。同書は，「または教育について」という副題がついており，エミールという架空の男の子の誕生から成人して結婚するまでの成長過程を半ば小説のような形式で語った作品である。エミールをどのように教育していけばよいかが，具体的な実例を挙げながら，きわめて生き生きとした筆致で丹念に論じられている。

　『エミール』はまさに現代に生きる古典であり，時代を超えて人間の生き方，教育のあり方について深く考えさせる良書である。その序において，「万物をつくる者の手をはなれるときすべてはよいものであるが，人間の手にうつるとすべてが悪くなる」（第1編）と書き出し，人間の自然本性は根源的に「善」であるとみなしている。

　彼は従来の教育，つまり「積極教育」に対して「消極教育」を主張した。前者は年齢不相応の早期の知育・訓育を意味するのに対して，後者は，年齢相応の，子どもの自然な発達段階に即応した教育，「合自然の教育」を意味するものである。

　「子どもの状態を尊重するがいい。…略…長いあいだ自然のなすがままにしておくがいい。はやくから自然に代わって何かしようなどと考えてはならない。そんなことをすれば自然の仕事をじゃまることになる。」（『エミール（上）』：209-210）

　このように，彼の教育理論は「自然にかえれ」という主張であり，自然を教

10）ルソー著，今野一雄訳（1962）『エミール（上・中・下）』岩波書店

育の主役とする消極教育論である。このような意味から，ルソーが教育界にもたらした最大の貢献は，子ども期は，大人とは違い，かつ独自の価値をもった「子ども時代」の発見である。

(3)「幼児教育の父」フレーベルの教育理論と実践
①フレーベルの生涯と業績

　幼児教育の父として知られるフリードリッヒ・フレーベル (Friedrich Wilhelm August Fröbel, 1782-1852) は，ドイツ中部のチューリンゲンのルター派の牧師の子として生まれる。ひとりの人間の思想形成には成育環境や意味ある他者との出会いが少なからず影響を及ぼしているといわれるが，彼もその例外ではない。生後9か月で実母と死別し，義母に育てられることになるものの，当初は可愛がられたが次第に疎まれるようになり，その寂しさをチューリンゲンの森に遊ぶことによって慰めている。自然の歩みを基礎とした彼の教育理論の基礎は，このようにして育まれていく[11]。10歳の時に，敬虔な牧師，伯父ホフマンの養子となる。養父は慈愛に満ちた人物で，フレーベルを学校にも通わせてくれたが，彼はこれといった教育の成果を上げないまま大学を辞め，ドイツ各地で書記や秘書，測量技師などさまざまな職に就くことになる。

　1805年，23歳となった彼は，模範学校の臨時教師に就くことで，人生の大転機をむかえる。模範学校の校長の知遇を得，教育者としての秘めた素養を見出されたこと，2度にわたるスイスの教育家ペスタロッチとの出会いをとおして，以後の人生を教育学の研究と教育改革に捧げることを決意するに至る。55歳になった彼は，幼少期の子どもの教育に集中していき，やがて1840年，ブランケンブルグに世界最初の幼稚園 (Kindergarten) を創設する。しかし，フレーベル思想に社会主義的傾向をみた当時のプロイセン政府は幼稚園禁止令を出す。彼はその解除を知ることなく亡くなるが，その後フレーベル主義を掲げる後継者たちによって，幼稚園の理論と実践は広く世界に普及していく。彼の精神は

---

11) 保育士養成講座編集委員会編 (2010)『教育原理』全国社会福祉協議会，pp.42-43

「私たちの子どもたちに生きよう」という箴言(しんげん)の中に今も生き続けている。

②フレーベルの教育実践

　フレーベルは，学校教育の不可欠の基礎としての幼児の保育と家庭および社会全体の役割の重要性をより強く認識し，幼児や幼児の遊戯を観察しながら，幼児期の遊びや作業の原理を表わす道具としての「恩物Gabe（神から与えられたもの）」を考案し，その指導法の普及を行っている。「**恩物**」とは，球と円柱と立方体を基本形態とした積み木のようなものであり，日本ではこれを明治時代に恩物と訳し，今日では教育遊具と呼んでいる。

　再び，表9.2の『10の姿』との対比をみることでフレーベルの主著『人間の教育[12]』を取り上げてみよう。『人間の教育』の「第2編　幼児期の人間」は，現代に求められる『10の姿』における「自然とのかかわり・生命尊重」をはじめとして10項目中8項目で対応していることがわかる。150年以上も前の理論ではあるが，現代にも決して色褪せないものである。幼児期の遊びと教育を重視し，生涯にわたる幼児教育の実践と研究からつかみとった教育理論を，世界や人間に対する基本的な考え方と結びつけながら，体系的に展開したものといえる。

3. 欧米の幼児教育・保育を支える思想（理論）と実践（その2）

(1) 「幼児教育の母」モンテッソーリの理論

　幼児教育の実践家・思想家として知られる**マリア・モンテッソーリ**（M.Montessori, 1870-1952）は，イタリア半島中部のアンコナ州キアラヴァレで生まれ，官吏の父親と知識階層出身の母親の一人娘として大事に育てられる。1890年，医学を志し，ローマ大学医学部に入学し，1896年，イタリアで初の

---

12) フレーベル著，荒井武訳（1964）『人間の教育』（全2巻）岩波書店
13) 乙訓稔（2009）『西洋近代教育思想史—デューイからコルチャック』東信堂，pp.71-109

女性医学博士の学位を取得した人物である。[13)]

　彼女は，卒業後，ローマ大学附属病院の医療スタッフとして研究と治療に従事し，やがて知的障害児に関心を寄せるようになる。粘り強い観察をとおして，障害児の治療は医学的治療よりは教育の問題として捉えるようになり，教育学に傾倒していく。そして，先人の研究成果から多くを学びながら，感覚訓練のための教具を考案し，教育の実績をあげていく。彼女の使命は発達の遅れのある子どもたちを普通児と同じ位に学習できるようにしようと，子どもたちを深く観察しつづけ，やがて，「モンテッソーリ・メソッド」と呼ばれる独自の教育方法を編み出す。1907年には，知的障害児への教育方法は一般の子どもにも応用できることを確信し，ローマのスラム街に「子どもの家」という施設を設立し，就学前の子どもの教育上の成果をあげていく。この「子どもの家」は現在も広く知られ世界中で支持されている。

　1909年には，最初の著書『モンテッソーリ・メソッド』を出版した。その教育方法はモンテッソーリ・メソッドと呼ばれ，同書は数年のうちに20か国以上で翻訳されている。彼女の教育理論の特色は，①客観的で冷静な観察（科学者の目）の重要性，②集中現象の発見，③敏感期（感覚教育）の重視，④整備・工夫された環境・指導者・教具の必要性の4点に集約される。

　医師から教育者に転身したモンテッソーリは，生涯，「子どもの教育」に心を傾け，82年の最期をオランダで迎える。

(2) 児童中心主義の教育とデューイの教育理論

①デューイの生涯と業績

　デューイの「児童中心主義」と教育と社会との関わりの重要性という主張は，その実践性と併せ，教育学のひとつの到達点をなしているといっても決して過言ではない。[14)]ジョン・デューイ（John Dewey，1859-1952）の生涯を振り返って

14）岡崎友典（2010）「デューイ」岩永雅也・星薫編著『教育と心理の巨人たち』放送大学教育振興会，p.96

おこう。

　1859年，アメリカのヴァーモント州バーリントンで食料品店を経営する両親のもとに生を受ける。郷里のハイスクール卒業後，州内のヴァーモント大学に進学する。大学卒業後，短期間ではあるが学校教員を務め，22歳でジョンズ・ホプキンス大学の大学院に進み，哲学研究の道に入る。博士学位論文は「カントの心理学」と題されている。博士号取得後，ミシガン大学に講師の職を得，29歳の若さで教授に昇進する。さらに34歳で，招聘されてシカゴ大学に学部長として就任し，教育学と心理学の講義を担当することとなる。就任2年後の1896年，実験のための小学校（「実験学校」），通称「デューイ・スクール」を設置する。児童数も増え，通常規模の小学校にまで拡張されるに至ったが，設置7年後の1903年，新総長の意向で閉鎖されることとなる[15]。1904年からはコロンビア大学の教授として社会的にも幅広い活躍をし，92歳でニューヨークの自宅で生涯を閉じる。多くの著書の中でも特に，『学校と社会』『民主主義と教育』は，彼の教育思想を体系的に論じたものであり，今日まで世界の教育学史に残る名著となっている。アメリカにおいて今なお最大級の敬意を払われ続ける教育学の巨人ともいうべき教育の思想家である。

②デューイの教育理論

　次に，デューイの教育の理論について，幼児（児童）教育に焦点に充ててみてみよう。先の「実験学校」を提案した背景には，ミシガン大学教授時代に視察して回った小学校教育が訓育と暗記中心であり，子どもたちの心理的発達にはまったく対応していない，というデューイ自身の現状認識があった[16]。ゆえに，彼は，子どもの本性の活動と教育の過程が一致する時には教育効果があり，そうでない時には，軋轢が生じて子どもの本性が阻害されると，教育における徹底した児童中心主義を主張していく。すなわち，カリキュラムを構成する教科

15）乙訓稔（2009）前掲書，p.5
16）岡崎友典（2010）「デューイ」岩永雅也・星薫編著『教育と心理の巨人たち』放送大学教育振興会，p.100

114

の主題が子どもの経験との密接な結合を重視する。このことが，彼の言うところの「為すことによって学ぶ（Learning by doing）」であり，「経験主義」に通じていく。

彼の教育理論は，子どもの生活中心，すなわち経験主義教育理論として人々に親しまれる。そして，その理論は，幼児教育のみならず，今日の小学校の教科「総合的な学習の時間」の教育方法としての問題解決学習へと脈々と流れている。時代を超えて，デューイの貢献度の高さを改めて知ることができよう。

4. 幼児教育・保育の課題と展望

本章では17世紀から20世紀に活躍した教育の思想家が，幼児期の教育的意義をどのように捉えていたかを探ってきた。最後に，現代の教育・保育の課題を整理し，未来を展望しまとめとしたい。

(1) 現代に生きる幼児教育・保育を考えた思想家の主張

17世紀の思想家コメニウスは，幼児期の教育を体系的に論じ，知識・良き行い・敬虔な心の重要性を提示した。その100年後のルソーは，子どもの発達段階に即応した「合自然の教育」を主張した。世界初の幼稚園を創設したフレーベルも幼児期の遊びと教育を重視した。20世紀の代表的な幼児教育の思想家・実践家として知られるモンテッソーリとデューイは，「子どもの家」と「実験学校」をとおして，環境を整えることの重要性と児童中心主義や経験主義の教育の意義を明らかにした。何世紀も前の教育理論ではあるが，彼らの主張は，子どもの発達や教育の在り方を示唆し，時代を超えて今なおその輝きを放っているといえよう。

(2) 多様な就学前教育・保育の場

現在，わが国の就学前教育・保育は，幼稚園，保育所，そして新しい形である認定こども園，**地域型保育**など，多様な場で展開されている。幼児教育の一

元化が目指される一方で，多元的で多様な場が設定され，家族のライフスタイルや働き方にあわせた教育・保育の場の選択を可能にしている。今後は，それぞれの歴史・文化的背景を踏まえつつ，より豊かな幼児教育・保育を実現するため，多様で包摂的な社会（diverse and inclusive society）を軸とする未来社会の変化を見極めつつ，日本独自の就学前教育・保育のあるべき姿を模索していくことが求められる。

[髙野良子]

✏️ **課題**

・コメニウス，ルソー，フレーベルの教育思想（理論）の特質について考えてみよう。
・モンテッソーリやデューイの教育思想（理論）がわが国の教育に及ぼした影響について考えてみよう。

📖 **推薦図書**

【書籍】乙訓稔（2010）『西洋近代　幼児教育思想史［第二版］』東信堂
【書籍】ルソー著，今野一雄訳（1962）『エミール（上・中・下）』岩波書店

参考文献

髙野良子編著（2013）『少子社会の子育て力』学文社
中村弘行（2018）『人物で学ぶ教育原理』三恵社
無藤隆編著（2018）『幼児期の終わりまでに育ってほしい10の姿』東洋館出版社

免許・資格取得までの道のり

●幼稚園教諭●

　文部科学省の教育職員免許法に規定された幼稚園教諭免許状を有する人を幼稚園教諭ということができる。幼稚園教諭免許状には3種類ある。すなわち，1種免許状（大学卒），2種免許状（短大等卒），専修免許状（大学院卒）である。

　幼稚園免許状を取得するには，取得したい免許状に対応した教職課程のある大学・短期大学等に入学し，法令で定められた科目および単位を修得して卒業しなければならない。その後，各都道府県教育委員会に教員免許状の授与申請を行うことが必要である。申請に当たっては大学・短期大学等一括申請と個人申請がある。

●保育士●

　保育士資格は国家資格である。保育士資格を取得するには以下の2通りの手段がある。保育士の登録を受け，保育士証の交付をもって保育士として働くことが可能となる。
①都道府県知事の指定する保育士を養成する学校その他の施設（大学・短大・専門学校）で所定の課程・科目を履修し卒業する。
②保育士試験（筆記・実技）に合格する。

●保育教諭●

　「幼保連携型認定こども園」は，学校教育と保育を一体的に提供する施設であるため，その職員である「保育教諭」については，「幼稚園教諭免許状」と「保育士資格」の両方の免許・資格を有していることを原則としている。

●臨床心理士●

　臨床心理士は"心理専門職の証"となる資格である。園・学校内での相談室や教育センター，各種教育相談機関，児童相談所，療育施設，心身障害者福祉センター，老人福祉施設などで，発達・学業・生活面などでの問題に対して心理的援助を行う。

　資格取得には，公益財団法人日本臨床心理士資格認定協会の資格試験（一次筆記試験と二次口述面接試験）に合格することが必須条件となる。ただし資格試験を受けるためには，協会が認可する指定大学院を修了し，所定の条件を充足するなどの受験資格の取得が必要である。

●臨床発達心理士●

　臨床発達心理士は，発達心理学をベースに「発達的観点」をもち，子どもから大人まで生涯にわたって，発達をめぐる問題を査定し，具体的支援を行う。子育てや気になる子ども，障害，社会不適応などの問題に対応する。

　資格取得には，資格認定審査に合格することが必要である。資格認定申請の仕方は，

大学院修士課程以上の学歴や臨床経験年数等によって異なる。

●公認心理師●

公認心理師とは，保健医療，福祉，教育その他の分野において，心理学に関する専門的知識および技術をもち，心理的支援を必要とする人や家族に対して，心理状態の観察や分析，相談や助言を行うほか，広く心の健康の知識や普及のため教育や情報提供を行う。

取得方法は，公認心理師国家試験を合格後，公認心理師登録簿に登録しなければならない。2017年度第2学期以降に大学に入学する場合は，法律で定める科目の単位修得が必要である。

●小学校教諭●

小学校教諭になるためには，次の2つの関門がある。教員免許状の取得と，各都道府県や政令指定都市が実施している教員採用候補者選考試験や私立小学校の教員採用試験を受け合格する必要がある。

教員免許状には普通，特別，臨時の3種類あるが，一般的な方法で取得可能なのは普通免許状であり，通常，教員免許状といった場合，この免許状を指している。なお，普通免許状にも，専修免許状（大学院修士課程修了相当），一種免許状（大学卒業相当），二種免許状（短期大学卒業相当）の3つの区分がある。取得するためには，取得したい免許状に対応した教職課程のある大学・短期大学等に入学し，法令で定められた科目および単位を修得し，各都道府県教育委員会に教員免許状の授与申請を行って授与される仕組みになっている。取得すれば全国の学校で有効となる。

●社会福祉主事任用資格●

本来，福祉事務所の現業員として任用されるものに要求される資格（任用資格）であるが，社会福祉の基礎的な知識を有しているとされることから，社会福祉施設職員等の資格にも準用されている。指定科目（「社会福祉概論」「児童福祉論」等）を3科目以上修得し，大学・短期大学を卒業することによって取得できる。「資格認定試験」や「資格証明書」はなく，履修済みの科目が記載された大学の成績証明書および卒業証書を雇用先に提出する。

●児童指導員任用資格●

「児童指導員」として働くための任用資格である。乳児院や児童養護施設，児童発達支援センター，放課後等デイサービスなどの児童福祉施設において，子どもの生活や学習，発達の支援等を業務とする。大学（短期大学は含まず）で，社会福祉学・心理学・教育学・社会学のいずれかを専修する学部・学科に在籍し，卒業することによって取得できる。社会福祉主事任用資格と同様に，卒業証書と成績証明書によって確認される。

日本国憲法（抄）

［昭和 21 年 11 月 3 日　公布　昭和 22 年 5 月 3 日　施行］

第三章　国民の権利及び義務

第二十五条【生存権，国の生存権保障義務】
1　すべて国民は，健康で文化的な最低限度の生活を営む権利を有する。
2　国は，すべての生活部面について，社会福祉，社会保障及び公衆衛生の向上及び増進に努めなければならない。

第二十六条【教育を受ける権利，教育の義務，義務教育の無償】
1　すべて国民は，法律（教育基本法第三条第二項）の定めるところにより，その能力に応じて，ひとしく教育を受ける権利を有する。
2　すべて国民は，法律（教育基本法第四条）の定めるところにより，その保護する子女に普通教育を受けさせる義務を負う。義務教育は，これを無償とする。

教育基本法

［平成 18 年 12 月 22 日法律第 120 号］

　教育基本法（昭和 22 年法律第 25 号）の全部を改正する。

　我々日本国民は，たゆまぬ努力によって築いてきた民主的で文化的な国家を更に発展させるとともに，世界の平和と人類の福祉の向上に貢献することを願うものである。
　我々は，この理想を実現するため，個人の尊厳を重んじ，真理と正義を希求し，公共の精神を尊び，豊かな人間性と創造性を備えた人間の育成を期するとともに，伝統を継承し，新しい文化の創造を目指す教育を推進する。
　ここに，我々は，日本国憲法の精神にのっとり，我が国の未来を切り拓く教育の基本を確立し，その振興を図るため，この法律を制定する。

第一章　教育の目的及び理念

（教育の目的）
第一条　教育は，人格の完成を目指し，平和で民主的な国家及び社会の形成者として必要な資質を備えた心身ともに健康な国民の育成を期して行われなければならない。
（教育の目標）
第二条　教育は，その目的を実現するため，学問の自由を尊重しつつ，次に掲げる目標を達成するよう行われるものとする。
一　幅広い知識と教養を身に付け，真理を求める態度を養い，豊かな情操と道徳心を培うとともに，健やかな身体を養うこと。
二　個人の価値を尊重して，その能力を伸ばし，創造性を培い，自主及び自律の精神を養うとともに，職業及び生活との関連を重視し，勤労を重んずる態度を養うこと。
三　正義と責任，男女の平等，自他の敬愛と協力を重んずるとともに，公共の精神に基づき，主体的に社会の形成に参画し，その発展に寄与する態度を養うこと。
四　生命を尊び，自然を大切にし，環境の保全に寄与する態度を養うこと。
五　伝統と文化を尊重し，それらをはぐくんできた我が国と郷土を愛するとともに，他国を尊重し，国際社会の平和と発展に寄与する態度を養うこと。
（生涯学習の理念）
第三条　国民一人一人が，自己の人格を磨き，豊かな人生を送ることができるよう，その生涯にわたって，あらゆる機会に，あらゆる場所において学習することができ，その成果を適切に生かすことのできる社会の実現が図られなければならない。
（教育の機会均等）
第四条　すべて国民は，ひとしく，その能力に応じた教育を受ける機会を与えられなければならず，人種，信条，性別，社会的身分，経済的地位又は門地によって，教育上差別されない。
2　国及び地方公共団体は，障害のある者が，そ

の障害の状態に応じ，十分な教育を受けられる
よう，教育上必要な支援を講じなければならない。
3 国及び地方公共団体は，能力があるにもかか
わらず，経済的理由によって修学が困難な者に
対して，奨学の措置を講じなければならない。

第二章　教育の実施に関する基本
（義務教育）
第五条　国民は，その保護する子に，別に法律で
定めるところにより，普通教育を受けさせる義
務を負う。
2 義務教育として行われる普通教育は，各個人
の有する能力を伸ばしつつ社会において自立的
に生きる基礎を培い，また，国家及び社会の形
成者として必要とされる基本的な資質を養うこ
とを目的として行われるものとする。
3 国及び地方公共団体は，義務教育の機会を保
障し，その水準を確保するため，適切な役割分
担及び相互の協力の下，その実施に責任を負う。
4 国又は地方公共団体の設置する学校における
義務教育については，授業料を徴収しない。
（学校教育）
第六条　法律に定める学校は，公の性質を有する
ものであって，国，地方公共団体及び法律に定
める法人のみが，これを設置することができる。
2 前項の学校においては，教育の目標が達成さ
れるよう，教育を受ける者の心身の発達に応じて，
体系的な教育が組織的に行われなければならない。
この場合において，教育を受ける者が，学校生
活を営む上で必要な規律を重んずるとともに，
自ら進んで学習に取り組む意欲を高めることを
重視して行われなければならない。
（大学）
第七条　大学は，学術の中心として，高い教養と
専門的能力を培うとともに，深く真理を探究し
て新たな知見を創造し，これらの成果を広く社
会に提供することにより，社会の発展に寄与す
るものとする。
2 大学については，自主性，自律性その他の大
学における教育及び研究の特性が尊重されなけ
ればならない。
（私立学校）
第八条　私立学校の有する公の性質及び学校教育
において果たす重要な役割にかんがみ，国及び
地方公共団体は，その自主性を尊重しつつ，助
成その他の適当な方法によって私立学校教育の
振興に努めなければならない。
（教員）
第九条　法律に定める学校の教員は，自己の崇高
な使命を深く自覚し，絶えず研究と修養に励み，
その職責の遂行に努めなければならない。
2 前項の教員については，その使命と職責の重
要性にかんがみ，その身分は尊重され，待遇の
適正が期せられるとともに，養成と研修の充実

が図られなければならない。
（家庭教育）
第十条　父母その他の保護者は，子の教育につい
て第一義的責任を有するものであって，生活の
ために必要な習慣を身に付けさせるとともに，
自立心を育成し，心身の調和のとれた発達を図
るよう努めるものとする。
2 国及び地方公共団体は，家庭教育の自主性を
尊重しつつ，保護者に対する学習の機会及び情
報の提供その他の家庭教育を支援するために必
要な施策を講ずるよう努めなければならない。
（幼児期の教育）
第十一条　幼児期の教育は，生涯にわたる人格形
成の基礎を培う重要なものであることにかんが
み，国及び地方公共団体は，幼児の健やかな成
長に資する良好な環境の整備その他適当な方法
によって，その振興に努めなければならない。
（社会教育）
第十二条　個人の要望や社会の要請にこたえ，社
会において行われる教育は，国及び地方公共団
体によって奨励されなければならない。
2 国及び地方公共団体は，図書館，博物館，公
民館その他の社会教育施設の設置，学校の施設
の利用，学習の機会及び情報の提供その他の適
当な方法によって社会教育の振興に努めなけれ
ばならない。
（学校，家庭及び地域住民等の相互の連携協力）
第十三条　学校，家庭及び地域住民その他の関係
者は，教育におけるそれぞれの役割と責任を自
覚するとともに，相互の連携及び協力に努める
ものとする。
（政治教育）
第十四条　良識ある公民として必要な政治的教養
は，教育上尊重されなければならない。
2 法律に定める学校は，特定の政党を支持し，
又はこれに反対するための政治教育その他政治
的活動をしてはならない。
（宗教教育）
第十五条　宗教に関する寛容の態度，宗教に関す
る一般的な教養及び宗教の社会生活における地
位は，教育上尊重されなければならない。
2 国及び地方公共団体が設置する学校は，特定
の宗教のための宗教教育その他宗教的活動をし
てはならない。

第三章　教育行政
（教育行政）
第十六条　教育は，不当な支配に服することなく，
この法律及び他の法律の定めるところにより行
われるべきものであり，教育行政は，国と地方
公共団体との適切な役割分担及び相互の協力の
下，公正かつ適正に行われなければならない。
2 国は，全国的な教育の機会均等と教育水準の
維持向上を図るため，教育に関する施策を総合

的に策定し，実施しなければならない。
3　地方公共団体は，その地域における教育の振興を図るため，その実情に応じた教育に関する施策を策定し，実施しなければならない。
4　国及び地方公共団体は，教育が円滑かつ継続的に実施されるよう，必要な財政上の措置を講じなければならない。
（教育振興基本計画）
第十七条　政府は，教育の振興に関する施策の総合的かつ計画的な推進を図るため，教育の振興に関する施策についての基本的な方針及び講ずべき施策その他必要な事項について，基本的な計画を定め，これを国会に報告するとともに，公表しなければならない。

2　地方公共団体は，前項の計画を参酌し，その地域の実情に応じ，当該地方公共団体における教育の振興のための施策に関する基本的な計画を定めるよう努めなければならない。

第四章　法令の制定

第十八条　この法律に規定する諸条項を実施するため，必要な法令が制定されなければならない。

　　　附　則　抄
（施行期日）
1　この法律は，公布の日から施行する。

学校教育法（抄）

［昭和 22 年 3 月 31 日法律第 26 号］
（最終改正：平成 29 年 5 月 31 日法律第 41 号）

第一章　総則
第一条　この法律で，学校とは，幼稚園，小学校，中学校，義務教育学校，高等学校，中等教育学校，特別支援学校，大学及び高等専門学校とする。
第十一条　校長及び教員は，教育上必要があると認めるときは，文部科学大臣の定めるところにより，児童，生徒及び学生に懲戒を加えることができる。ただし，体罰を加えることはできない。

第二章　義務教育
第十六条　保護者（子に対して親権を行う者（親権を行う者のないときは，未成年後見人）をいう。以下同じ。）は，次条に定めるところにより，子に九年の普通教育を受けさせる義務を負う。
第十七条　保護者は，子の満六歳に達した日の翌日以後における最初の学年の初めから，満十二歳に達した日の属する学年の終わりまで，これを小学校，義務教育学校の前期課程又は特別支援学校の小学部に就学させる義務を負う。ただし，子が，満十二歳に達した日の属する学年の終わりまでに小学校の課程，義務教育学校の前期課程又は特別支援学校の小学部の課程を修了しないときは，満十五歳に達した日の属する学年の終わり（それまでの間において当該課程を修了したときは，その修了した日の属する学年の終わり）までとする。
②　保護者は，子が小学校の課程，義務教育学校の前期課程又は特別支援学校の小学部の課程を修了した日の翌日以後における最初の学年の初

めから，満十五歳に達した日の属する学年の終わりまで，これを中学校，義務教育学校の後期課程，中等教育学校の前期課程又は特別支援学校の中学部に就学させる義務を負う。
③　前二項の義務の履行の督促その他これらの義務の履行に関し必要な事項は，政令で定める。
第二十一条　義務教育として行われる普通教育は，教育基本法（平成十八年法律第百二十号）第五条第二項に規定する目的を実現するため，次に掲げる目標を達成するよう行われるものとする。
一　学校内外における社会的活動を促進し，自主，自律及び協同の精神，規範意識，公正な判断力並びに公共の精神に基づき主体的に社会の形成に参画し，その発展に寄与する態度を養うこと。
二　学校内外における自然体験活動を促進し，生命及び自然を尊重する精神並びに環境の保全に寄与する態度を養うこと。
三　我が国と郷土の現状と歴史について，正しい理解に導き，伝統と文化を尊重し，それらをはぐくんできた我が国と郷土を愛する態度を養うとともに，進んで外国の文化の理解を通じて，他国を尊重し，国際社会の平和と発展に寄与する態度を養うこと。
四　家族と家庭の役割，生活に必要な衣，食，住，情報，産業その他の事項について基礎的な理解と技能を養うこと。
五　読書に親しませ，生活に必要な国語を正しく理解し，使用する基礎的な能力を養うこと。
六　生活に必要な数量的な関係を正しく理解し，処理する基礎的な能力を養うこと。

七　生活にかかわる自然現象について，観察及び
　実験を通じて，科学的に理解し，処理する基礎
　的な能力を養うこと。
八　健康，安全で幸福な生活のために必要な習慣
　を養うとともに，運動を通じて体力を養い，心
　身の調和的発達を図ること。
九　生活を明るく豊かにする音楽，美術，文芸そ
　の他の芸術について基礎的な理解と技能を養う
　こと。
十　職業についての基礎的な知識と技能，勤労を
　重んずる態度及び個性に応じて将来の進路を選
　択する能力を養うこと。

第三章　幼稚園

第二十二条　幼稚園は，義務教育及びその後の教
　育の基礎を培うものとして，幼児を保育し，幼
　児の健やかな成長のために適当な環境を与えて，
　その心身の発達を助長することを目的とする。
第二十三条　幼稚園における教育は，前条に規定
　する目的を実現するため，次に掲げる目標を達
　成するよう行われるものとする。
一　健康，安全で幸福な生活のために必要な基本
　的な習慣を養い，身体諸機能の調和的発達を図
　ること。
二　集団生活を通じて，喜んでこれに参加する態
　度を養うとともに家族や身近な人への信頼感を
　深め，自主，自律及び協同の精神並びに規範意
　識の芽生えを養うこと。
三　身近な社会生活，生命及び自然に対する興味
　を養い，それらに対する正しい理解と態度及び
　思考力の芽生えを養うこと。
四　日常の会話や，絵本，童話等に親しむことを
　通じて，言葉の使い方を正しく導くとともに，
　相手の話を理解しようとする態度を養うこと。
五　音楽，身体による表現，造形等に親しむこと
　を通じて，豊かな感性と表現力の芽生えを養う
　こと。
第二十四条　幼稚園においては，第二十二条に規
　定する目的を実現するための教育を行うほか，
　幼児期の教育に関する各般の問題につき，保護
　者及び地域住民その他の関係者からの相談に応
　じ，必要な情報の提供及び助言を行うなど，家
　庭及び地域における幼児期の教育の支援に努め
　るものとする。
第二十五条　幼稚園の教育課程その他の保育内容
　に関する事項は，第二十二条及び第二十三条の
　規定に従い，文部科学大臣が定める。
第二十六条　幼稚園に入園することのできる者は，
　満三歳から，小学校就学の始期に達するまでの
　幼児とする。
第二十七条　幼稚園には，園長，教頭及び教諭を
　置かなければならない
②　幼稚園には，前項に規定するもののほか，副
　園長，主幹教諭，指導教諭，養護教諭，栄養

教諭，事務職員，養護助教諭その他必要な職員
を置くことができる。
③　第一項の規定にかかわらず，副園長を置くと
　きその他特別の事情のあるときは，教頭を置か
　ないことができる。
④　園長は，園務をつかさどり，所属職員を監督
　する。
⑤　副園長は，園長を助け，命を受けて園務をつ
　かさどる。
⑥　教頭は，園長（副園長を置く幼稚園にあつて
　は，園長及び副園長）を助け，園務を整理し，
　及び必要に応じ幼児の保育をつかさどる。
⑦　主幹教諭は，園長（副園長を置く幼稚園にあ
　つては，園長及び副園長）及び教頭を助け，命
　を受けて園務の一部を整理し，並びに幼児の保
　育をつかさどる。
⑧　指導教諭は，幼児の保育をつかさどり，並び
　に教諭その他の職員に対して，保育の改善及び
　充実のために必要な指導及び助言を行う。
⑨　教諭は，幼児の保育をつかさどる。
⑩　特別の事情のあるときは，第一項の規定にか
　かわらず，教諭に代えて助教諭又は講師を置く
　ことができる。
⑪　学校の実情に照らし必要があると認めるとき
　は，第七項の規定にかかわらず，園長（副園長
　を置く幼稚園にあつては，園長及び副園長）及
　び教頭を助け，命を受けて園務の一部を整理し，
　並びに幼児の養護又は栄養の指導及び管理をつ
　かさどる主幹教諭を置くことができる。
第二十八条　第三十七条第六項，第八項及び第十
　二項から第十七項まで並びに第四十二条から第
　四十四条までの規定は，幼稚園に準用する。

第四章　小学校

第二十九条　小学校は，心身の発達に応じて，義
　務教育として行われる普通教育のうち基礎的な
　ものを施すことを目的とする。
第三十条　小学校における教育は，前条に規定す
　る目的を実現するために必要な程度において第
　二十一条各号に掲げる目標を達成するよう行わ
　れるものとする。
②　前項の場合においては，生涯にわたり学習す
　る基盤が培われるよう，基礎的な知識及び技能
　を習得させるとともに，これらを活用して課題
　を解決するために必要な思考力，判断力，表現
　力その他の能力をはぐくみ，主体的に学習に取
　り組む態度を養うことに，特に意を用いなけれ
　ばならない。
第三十一条　小学校においては，前条第一項の規
　定による目標の達成に資するよう，教育指導を
　行うに当たり，児童の体験的な学習活動，特に
　ボランティア活動など社会奉仕体験活動，自然
　体験活動その他の体験活動の充実に努めるもの
　とする。この場合において，社会教育関係団体

その他の関係団体及び関係機関との連携に十分配慮しなければならない。

第三十二条　小学校の修業年限は，六年とする。

第三十三条　小学校の教育課程に関する事項は，第二十九条及び第三十条の規定に従い，文部科学大臣が定める。

第三十四条　小学校においては，文部科学大臣の検定を経た教科用図書又は文部科学省が著作の名義を有する教科用図書を使用しなければならない。

② 前項の教科用図書以外の図書その他の教材で，有益適切なものは，これを使用することができる。

③ 第一項の検定の申請に係る教科用図書に関し調査審議させるための審議会等（国家行政組織法（昭和二十三年法律第百二十号）第八条に規定する機関をいう。以下同じ。）については，政令で定める。

第三十五条　市町村の教育委員会は，次に掲げる行為の一又は二以上を繰り返し行う等性行不良であつて他の児童の教育に妨げがあると認める児童があるときは，その保護者に対して，児童の出席停止を命ずることができる。

一　他の児童に傷害，心身の苦痛又は財産上の損失を与える行為

二　職員に傷害又は心身の苦痛を与える行為

三　施設又は設備を損壊する行為

四　授業その他の教育活動の実施を妨げる行為

② 市町村の教育委員会は，前項の規定により出席停止を命ずる場合には，あらかじめ保護者の意見を聴取するとともに，理由及び期間を記載した文書を交付しなければならない。

③ 前項に規定するもののほか，出席停止の命令の手続に関し必要な事項は，教育委員会規則で定めるものとする。

④ 市町村の教育委員会は，出席停止の命令に係る児童の出席停止の期間における学習に対する支援その他の教育上必要な措置を講ずるものとする。

第三十六条　学齢に達しない子は，小学校に入学させることができない。

第三十七条　小学校には，校長，教頭，教諭，養護教諭及び事務職員を置かなければならない。

② 小学校には，前項に規定するもののほか，副校長，主幹教諭，指導教諭，栄養教諭その他必要な職員を置くことができる。

③ 第一項の規定にかかわらず，副校長を置くときその他特別の事情のあるときは教頭を，養護をつかさどる主幹教諭を置くときは養護教諭を，特別の事情のあるときは事務職員を，それぞれ置かないことができる。

④ 校長は，校務をつかさどり，所属職員を監督する。

⑤ 副校長は，校長を助け，命を受けて校務をつ

かさどる。

⑥ 副校長は，校長に事故があるときはその職務を代理し，校長が欠けたときはその職務を行う。この場合において，副校長が二人以上あるときは，あらかじめ校長が定めた順序で，その職務を代理し，又は行う。

⑦ 教頭は，校長（副校長を置く小学校にあつては，校長及び副校長）を助け，校務を整理し，及び必要に応じ児童の教育をつかさどる。

⑧ 教頭は，校長（副校長を置く小学校にあつては，校長及び副校長）に事故があるときは校長の職務を代理し，校長（副校長を置く小学校にあつては，校長及び副校長）が欠けたときは校長の職務を行う。この場合において，教頭が二人以上あるときは，あらかじめ校長が定めた順序で，校長の職務を代理し，又は行う。

⑨ 主幹教諭は，校長（副校長を置く小学校にあつては，校長及び副校長）及び教頭を助け，命を受けて校務の一部を整理し，並びに児童の教育をつかさどる。

⑩ 指導教諭は，児童の教育をつかさどり，並びに教諭その他の職員に対して，教育指導の改善及び充実のために必要な指導及び助言を行う。

⑪ 教諭は，児童の教育をつかさどる。

⑫ 養護教諭は，児童の養護をつかさどる。

⑬ 栄養教諭は，児童の栄養の指導及び管理をつかさどる。

⑭ 事務職員は，事務に従事する。

⑮ 助教諭は，教諭の職務を助ける。

⑯ 講師は，教諭又は助教諭に準ずる職務に従事する。

⑰ 養護助教諭は，養護教諭の職務を助ける。

⑱ 特別の事情のあるときは，第一項の規定にかかわらず，教諭に代えて助教諭又は講師を，養護教諭に代えて養護助教諭を置くことができる。

⑲ 学校の実情に照らし必要があると認めるときは，第九項の規定にかかわらず，校長（副校長を置く小学校にあつては，校長及び副校長）及び教頭を助け，命を受けて校務の一部を整理し，並びに児童の養護又は栄養の指導及び管理をつかさどる主幹教諭を置くことができる。

第三十八条　市町村は，その区域内にある学齢児童を就学させるに必要な小学校を設置しなければならない。

第三十九条　市町村は，適当と認めるときは，前条の規定による事務の全部又は一部を処理するため，市町村の組合を設けることができる。

第四十条　市町村は，前二条の規定によることを不可能又は不適当と認めるときは，小学校の設置に代え，学齢児童の全部又は一部の教育事務を，他の市町村又は前条の市町村の組合に委託することができる。

② 前項の場合においては，地方自治法第二百五十二条の十四第三項において準用する同法第二

百五十二条の二の二第二項中「都道府県知事」とあるのは，「都道府県知事及び都道府県の教育委員会」と読み替えるものとする。

第四十一条 町村が，前二条の規定による負担に堪えないと都道府県の教育委員会が認めるときは，都道府県は，その町村に対して，必要な補助を与えなければならない。

第四十二条 小学校は，文部科学大臣の定めるところにより当該小学校の教育活動その他の学校運営の状況について評価を行い，その結果に基づき学校運営の改善を図るため必要な措置を講ずることにより，その教育水準の向上に努めなければならない。

第四十三条 小学校は，当該小学校に関する保護者及び地域住民その他の関係者の理解を深めるとともに，これらの者との連携及び協力の推進に資するため，当該小学校の教育活動その他の学校運営の状況に関する情報を積極的に提供するものとする。

第四十四条 私立の小学校は，都道府県知事の所管に属する。

第五章 中学校

第四十五条 中学校は，小学校における教育の基礎の上に，心身の発達に応じて，義務教育として行われる普通教育を施すことを目的とする。

第四十六条 中学校における教育は，前条に規定する目的を実現するため，第二十一条各号に掲げる目標を達成するよう行われるものとする。

第四十七条 中学校の修業年限は，三年とする。
（以下略）

第六章 高等学校

第五十条 高等学校は，中学校における教育の基礎の上に，心身の発達及び進路に応じて，高度な普通教育及び専門教育を施すことを目的とする。

第五十一条 高等学校における教育は，前条に規定する目的を実現するため，次に掲げる目標を達成するよう行われるものとする。

一 義務教育として行われる普通教育の成果を更に発展拡充させて，豊かな人間性，創造性及び

健やかな身体を養い，国家及び社会の形成者として必要な資質を養うこと。

二 社会において果たさなければならない使命の自覚に基づき，個性に応じて将来の進路を決定させ，一般的な教養を高め，専門的な知識，技術及び技能を習得させること。

三 個性の確立に努めるとともに，社会について，広く深い理解と健全な批判力を養い，社会の発展に寄与する態度を養うこと。
（以下略）

第七章 中等教育学校

第六十三条 中等教育学校は，小学校における教育の基礎の上に，心身の発達及び進路に応じて，義務教育として行われる普通教育並びに高度な普通教育及び専門教育を一貫して施すことを目的とする。

第六十四条 中等教育学校における教育は，前条に規定する目的を実現するため，次に掲げる目標を達成するよう行われるものとする。

一 豊かな人間性，創造性及び健やかな身体を養い，国家及び社会の形成者として必要な資質を養うこと。

二 社会において果たさなければならない使命の自覚に基づき，個性に応じて将来の進路を決定させ，一般的な教養を高め，専門的な知識，技術及び技能を習得させること。

三 個性の確立に努めるとともに，社会について，広く深い理解と健全な批判力を養い，社会の発展に寄与する態度を養うこと。
（以下略）

第八章 特別支援教育

第七十二条 特別支援学校は，視覚障害者，聴覚障害者，知的障害者，肢体不自由者又は病弱者（身体虚弱者を含む。以下同じ。）に対して，幼稚園，小学校，中学校又は高等学校に準ずる教育を施すとともに，障害による学習上又は生活上の困難を克服し自立を図るために必要な知識技能を授けることを目的とする。
（以下略）

児童福祉法（抄）

［昭和 22 年 12 月 12 日法律第 164 号］
（最終改正：平成 23 年 8 月 30 日法律第 105 号）

〔児童福祉の理念〕
第一条 全て児童は，児童の権利に関する条約の

精神にのっとり，適切に養育されること，その生活を保障されること，愛され，保護されるこ

と，その心身の健やかな成長及び発達並びにその自立が図られることその他の福祉を等しく保障される権利を有する。

〔児童育成の責任〕

第二条 全て国民は，児童が良好な環境において生まれ，かつ，社会のあらゆる分野において，児童の年齢及び発達の程度に応じて，その意見が尊重され，その最善の利益が優先して考慮され，心身ともに健やかに育成されるよう努めなければならない。

② 児童の保護者は，児童を心身ともに健やかに育成することについて第一義的責任を負う。

③ 国及び地方公共団体は，児童の保護者とともに，児童を心身ともに健やかに育成する責任を負う。

〔児童及び障碍児〕

第四条 この法律で，児童とは，満十八歳に満たない者をいい，児童を左のように分ける。

一 乳児 満一歳に満たない者

二 幼児 満一歳から，小学校就学の始期に達す

るまでの者

三 少年 小学校就学の始期から，満十八歳に達するまでの者

〔保育士の定義〕

第十八条の四 この法律で，保育士とは，第十八条の十八第一項の登録を受け，保育士の名称を用いて，専門的知識及び技術をもつて，児童の保育及び児童の保護者に対する保育に関する指導を行うことを業とする者をいう。

〔保育所〕

第三十九条 保育所は，保育を必要とする乳児・幼児を日々保護者の下から通わせて保育を行うことを目的とする施設（利用定員が二十人以上であるものに限り，幼保連携型認定こども園を除く。）とする。

② 保育所は，前項の規定にかかわらず，特に必要があるときは，保育を必要とするその他の児童を日々保護者の下から通わせて保育することができる。

幼稚園教育要領（抄）

〔平成 29 年 3 月 31 日文部科学省告示　平成 30 年 4 月 1 日施行〕

第 1 章　総則

第 1　幼稚園教育の基本

幼児期の教育は，生涯にわたる人格形成の基礎を培う重要なものであり，幼稚園教育は，学校教育法に規定する目的及び目標を達成するため，幼児期の特性を踏まえ，環境を通して行うものであることを基本とする。

このため教師は，幼児との信頼関係を十分に築き，幼児が身近な環境に主体的に関わり，環境との関わり方や意味に気付き，これらを取り込もうとして，試行錯誤したり，考えたりするようになる幼児期の教育における見方・考え方を生かし，幼児と共によりよい教育環境を創造するように努めるものとする。これらを踏まえ，次に示す事項を重視して教育を行わなければならない。

1 幼児は安定した情緒の下で自己を十分に発揮することにより発達に必要な体験を得ていくものであることを考慮して，幼児の主体的な活動を促し，幼児期にふさわしい生活が展開されるようにすること。

2 幼児の自発的な活動としての遊びは，心身の調和のとれた発達の基礎を培う重要な学習であることを考慮して，遊びを通しての指導を中心として第 2 章に示すねらいが総合的に達成されるようにすること。

3 幼児の発達は，心身の諸側面が相互に関連し合い，多様な経過をたどって成し遂げられていくものであること，また，幼児の生活経験がそれぞれ異なることなどを考慮して，幼児一人一人の特性に応じ，発達の課題に即した指導を行うようにすること。

その際，教師は，幼児の主体的な活動が確保されるよう幼児一人一人の行動の理解と予想に基づき，計画的に環境を構成しなければならない。この場合において，教師は，幼児と人やものとの関わりが重要であることを踏まえ，教材を工夫し，物的・空間的環境を構成しなければならない。また，幼児一人一人の活動の場面に応じて，様々な役割を果たし，その活動を豊かにしなければならない。

（以下略）

幼保連携型認定こども園教育・保育要領（抄）

［内閣府・文部科学省・厚生労働省　告示第一号　平成 29 年 3 月 31 日］

第1章　総則
第1　幼保連携型認定こども園における教育及び
　　保育の基本及び目標等
1　幼保連携型認定こども園における教育及び保
　育の基本
　　乳幼児期の教育及び保育は，子どもの健全な心
身の発達を図りつつ生涯にわたる人格形成の基礎
を培う重要なものであり，幼保連携型認定こども
園における教育及び保育は，就学前の子どもに関
する教育，保育等の総合的な提供の推進に関する
法律（平成 18 年法律第 77 号。以下「認定こども
園法」という。）第 2 条第 7 項に規定する目的及
び第 9 条に掲げる目標を達成するため，乳幼児期
全体を通して，その特性及び保護者や地域の実態
を踏まえ，環境を通して行うものであることを基
本とし，家庭や地域での生活を含めた園児の生活
全体が豊かなものとなるように努めなければなら
ない。
　　このため保育教諭等は，園児との信頼関係を十
分に築き，園児が自ら安心して身近な環境に主体
的に関わり，環境との関わり方や意味に気付き，
これらを取り込もうとして，試行錯誤したり，考
えたりするようになる幼児期の教育における見方・
考え方を生かし，その活動が豊かに展開されるよ
う環境を整え，園児と共によりよい教育及び保育
の環境を創造するように努めるものとする。これ
らを踏まえ，次に示す事項を重視して教育及び保
育を行わなければならない。
　（1）　乳幼児期は周囲への依存を基盤にしつつ自
　　　立に向かうものであることを考慮して，周囲
　　　との信頼関係に支えられた生活の中で，園児
　　　一人一人が安心感と信頼感をもっていろいろ
　　　な活動に取り組む体験を十分に積み重ねられ
　　　るようにすること。

　（2）　乳幼児期においては生命の保持が図られ安
　　　定した情緒の下で自己を十分に発揮すること
　　　により発達に必要な体験を得ていくものであ
　　　ることを考慮して，園児の主体的な活動を促
　　　し，乳幼児期にふさわしい生活が展開される
　　　ようにすること。
　（3）　乳幼児期における自発的な活動としての遊
　　　びは，心身の調和のとれた発達の基礎を培う
　　　重要な学習であることを考慮して，遊びを通
　　　しての指導を中心として第 2 章に示すねら
　　　いが総合的に達成されるようにすること。
　（4）　乳幼児期における発達は，心身の諸側面が
　　　相互に関連し合い，多様な経過をたどって成
　　　し遂げられていくものであること，また，園
　　　児の生活経験がそれぞれ異なることなどを考
　　　慮して，園児一人一人の特性や発達の過程に
　　　応じ，発達の課題に即した指導を行うように
　　　すること。
　　その際，保育教諭等は，園児の主体的な活動が
確保されるよう，園児一人一人の行動の理解と予
想に基づき，計画的に環境を構成しなければなら
ない。この場合において，保育教諭等は，園児と
人やものとの関わりが重要であることを踏まえ，
教材を工夫し，物的・空間的環境を構成しなけれ
ばならない。また，園児一人一人の活動の場面に
応じて，様々な役割を果たし，その活動を豊かに
しなければならない。
　　なお，幼保連携型認定こども園における教育及
び保育は，園児が入園してから修了するまでの在
園期間全体を通して行われるものであり，この章
の第 3 に示す幼保連携型認定こども園として特に
配慮すべき事項を十分に踏まえて行うものとする。
　（以下略）

保育所保育指針（抄）

［厚生労働省告示第 117 号　平成 29 年 3 月 31 日］

第1章　総則
　　この指針は，児童福祉施設の設備及び運営に関
する基準（昭和 23 年厚生省令第 63 号。以下「設
備運営基準」という。）第 35 条の規定に基づき，
保育所における保育の内容に関する事項及びこれ
に関連する運営に関する事項を定めるものである。
各保育所は，この指針において規定される保育の

内容に係る基本原則に関する事項等を踏まえ，各
保育所の実情に応じて創意工夫を図り，保育所の
機能及び質の向上に努めなければならない。
1　保育所保育に関する基本原則
　（1）　保育所の役割
　　ア　保育所は，児童福祉法（昭和 22 年法律第
　　　　164 号）第 39 条の規定に基づき，保育を必

要とする子どもの保育を行い，その健全な心身の発達を図ることを目的とする児童福祉施設であり，入所する子どもの最善の利益を考慮し，その福祉を積極的に増進することに最もふさわしい生活の場でなければならない。
イ 保育所は，その目的を達成するために，保育に関する専門性を有する職員が，家庭との緊密な連携の下に，子どもの状況や発達過程を踏まえ，保育所における環境を通して，養護及び教育を一体的に行うことを特性としている。
ウ 保育所は，入所する子どもを保育するとともに，家庭や地域の様々な社会資源との連携を図りながら，入所する子どもの保護者に対する支援及び地域の子育て家庭に対する支援等を行う役割を担うものである。
エ 保育所における保育士は，児童福祉法第18条の4の規定を踏まえ，保育所の役割及び機能が適切に発揮されるように，倫理観に裏付けられた専門的知識，技術及び判断をもって，子どもを保育するとともに，子どもの保護者に対する保育に関する指導を行うものであり，その職責を遂行するための専門性の向上に絶えず努めなければならない。

（以下略）

索　引

編著者紹介

髙野良子（たかの　よしこ）

1950年生まれ。千葉大学大学院教育学研究科修士課程修了，日本女子大学大学院人間社会研究科博士課程後期単位取得満期退学。博士（教育学）。現在，植草学園大学教授。副学長。主要著書：『教育の基礎と展開［第二版］—豊かな保育・教育のつながりをめざして—』（編著，学文社，2018），『少子社会の子育て力—豊かな子育てネットワーク社会をめざして—』（編著，学文社，2013），『女性校長の登用とキャリアに関する研究—戦前期から1980年代までの公立小学校を対象として—』日本女子大学叢書2（単著，風間書房，2006）ほか。

幼児教育・保育総論
　　—豊かにたくましく生きる力を育むために—

2020年3月10日　第一版第一刷発行

編著者　髙野　良子

発行者　田中　千津子

発行所　株式会社 学文社

〒153-0064　東京都目黒区下目黒3-6-1
電話　03（3715）1501 代
FAX　03（3715）2012
https://www.gakubunsha.com

Printed in Japan
印刷　新灯印刷

ISBN 978-4-7620-2979-0